A Pedro Almodóvar.

La editorial

Edición de **Patrizia Calefato**

MODA Y CINE

EN(GLOBA
edició

Título original: Moda e Cinema
Traducción: José Martín Carrillo
Diseño de portada: Engloba Creatividad
Foto portada: Victoria Abril, vestida de Chanel, en *Tacones lejanos* de Pedro Almodóvar. Foto cedida por El Deseo Producciones

Gobernador Viejo, 29 - 46003 Valencia

ISBN: 84-932630-4-4
Depósito Legal: V-1291-2003

www.engloba.net

Índice

Introducción

Patrizia Calefato

A Bette Davis/Julie y a su vestido rojo fuego

A principios de los años sesenta, Roland Barthes escribía que el cine había llegado a ser "el modelo de los medios de comunicación de masas" (Barthes, 1995, p. 41). Afirmación que podemos seguir considerando válida, puesto que la representación que el cine ofrece de lo visible a través de la cámara ante nuestros ojos como si fuera la realidad es única e insustituible, comunicada y reproducida en millones de copias. Pensar por imágenes equivale a representar lo real; las metáforas y las narraciones que el cine nos muestra son parte integrante de la vida cotidiana. La verosimilitud que el cine construye es la verdad que alimenta nuestro imaginario. El cine "piensa" (cfr. Aumont, 1998): inventa historias, técnicas narrativas, representaciones humanas, formas del cuerpo, explora territorios al límite de la experimentación, sentimientos y pasiones que van desde los más comunes a los más excéntricos.

Los sujetos humanos que el cine nos presenta habitan nuestro mundo como iconos persistentes: son las estrellas, los divos y las divas, los personajes que han marcado una época, o un sueño, pequeños o grandes inquilinos de la fantasía susceptibles de transformarse antes o después en transeúntes de la cotidianidad. Pero para llegar a ser tales, en la realidad y en la fantasía, esos sujetos corpóreos han de marcar su espacio con signos concretos: el vestido, el maquillaje y el peinado son los primeros de estos signos, los que construyen al personaje a partir de su aspecto físico.

En esta precaria estación de la vida que llamamos "realidad", ninguno de nosotros, ni siquiera el más descuidado y distraído, puede sinceramente afirmar que se viste con lo primero que le cae en a las manos: vestirnos, incluso de modo informal, peinarnos, maquillarnos, dibujarnos la piel o ponernos joyas, es siempre un lenguaje y de alguna forma "narra" siempre algo. Con mayor motivo en el cine, cada signo del cuerpo de los personajes tiene un sentido determinado, ligado a una caracterización social, a una identificación de tipo histórico, a un énfasis grotesco, a la narración de una transformación de carácter o de una emoción. El vestuario, pues, en el gran mecanismo de producción de sentido que es el cine, representa un ulterior instrumento significativo, cuyos signos se convierten en rasgos distintivos y funcionan como unidades lingüísticas parecidas a la lengua hablada o a la columna sonora, y con frecuencia son aún más importante. Ejemplar desde este punto de vista es *El gatopardo* (1963) de Visconti (un autor que puede considerarse un emblema desde el punto de vista de la sinergia entre vestuario y lenguaje cinematográfico), película en la que el vestuario escénico, el del baile en particular, meticulosamente reconstruido, "habla" durante casi toda la película, consiguiendo traducir en imágenes el sentido profundo de la historia.

Si la visión ha de funcionar de soporte de nuestro pensamiento, de alguna manera hay que estructurar nuestro "creer", la visión necesita aferrarse a signos, como el vestuario, que hagan coherente el texto fílmico y sepan a la vez hablar como los movimientos de la cámara o los diálogos de los personajes. Aumont define lo "verosímil" en el cine como lo que concierne "al mismo tiempo a la relación de un texto con la opinión común, su relación con otros textos y su funcionamiento dentro de la historia que cuenta" (Aumont *et al.*, 1995, p. 98). La verosimilitud no está relacionada sólo con el cine realista, con el grado de adherencia de las imágenes a la realidad histórica, espacial y social representada, sino una resonancia más compleja entre textos culturales que incluyen la opinión pública que el cine también contribuye a crear y que seguramente afianza. En esa "opinión" se incluye lo que llamamos sentido común, es decir, un conjunto de creencias y de formas de la sensibilidad construidas en la comunicación, entendida ésta como el espacio en el que se juntan los significados y los valores sociales.

Pensemos, por ejemplo, en la imagen del *cowboy* tal y como ha sido construida en su "aspecto externo" y en su estilo de las apariencias (Kaiser, 1992) en el western clásico: la gabardina hasta los tobillos, el sombrero, los ribetes en el chaleco y en los pantalones, el cinturón con la funda para las pistolas, prótesis esencial para la representación del "tipo". ¿Cuánto realismo tienen esas imágenes? ¿Qué correspondencia hay entre John Wayne en escena y un "auténtico" retrato fotográfico de un pistolero de finales del siglo XIX? La respuesta es que lo importante no es tanto la adhesión del cuerpo revestido en la película a un modelo establecido por la "realidad" (puesto que esa realidad, en el fondo, no es más que la construcción del cuerpo en el estudio fotográfico), cuanto el grado de verosimilitud que los signos consiguen fijar sobre el cuerpo, y el posible "contrato de verificación" que se realiza entre la película y el espectador. Por "contrato de verificación" entendemos, con Greimas (1984), una especie de acuerdo implícito entre los dos actantes de la estructura de la comunicación, enunciador y enunciatario, que no son necesariamente –es más, no lo son casi nunca– dos personas físicas, sino dos posiciones, dos figuras en y del discurso. Un vestido, un accesorio, el modo de peinarse de un personaje en una película de época, por ejemplo, pueden presentarse al espectador como verosímiles sea porque en su enciclopedia se encuentran conocimientos anteriores sobre el vestuario real de moda en los tiempos en los que está ambientada la película, sea, sobre todo, y aquí la película se pone en movimiento como máquina de sentido y va más allá de los límites del conocimiento enciclopédico, si la imágenes consiguen presentar como creíble en el plano textual e intertextual ese vestuario, si consiguen hacer funcionar la fantasía, entendida como actividad semiótica productora de otros mundos, de otros cuerpos, de otras imágenes. Con frecuencia, por ejemplo, el estudio para realizar un vestido de época en una película hace referencia directa a pinturas de la época, a partir de las cuales la forma de los vestidos, los gestos, los peinados, los tejidos, son seccionados y elaborados.

La verosimilitud se transforma así en "verificación", es decir en el contrato tácitamente establecido entre la complejidad polifónica que crea el discurso fílmico (el director, el reparto y la industria cinematográfica en general) y el sujeto social pluriestratificado que sólo reductivamente podemos llamar "público" o "espectadores". Los términos del contrato están relacionados con el hecho de que no sólo el cuerpo revestido en la pantalla sea creíble, sino que sea socialmente "verdadero", que a partir de esa imagen sea posible crear y reconstruir otros cuerpos, y no sólo en otros textos fílmicos, sino también en la realidad, sea pasada o presente.

Cine y moda

Las películas de época son por antonomasia, y a veces sobre todo, películas de vestuario escénico. ¿Pero qué decir del cine que representa el presente o el futuro? Un presente, un futuro, que en el fondo son formas fugaces del tiempo que el siglo XX –que es el siglo del cine– ha inventado para contarse e imaginarse. Aquí el cine se encuentra con el otro gran sistema modelador de la comunicación en nuestra época, que va a añadirse a la clasificación propuesta por Barthes: la moda. El cine, de hecho, consigue actuar más allá de los límites de la imagen y de la representación, introduciéndose en los modos a través de los que los cuerpos revestidos piensan y se reproducen a sí mismos a través de la moda como gran sistema de sintaxis, o mejor, de escritura, de inscripción, de presentación del cuerpo en el mundo. Si la película "lleva dentro de sí" la moda, recogiendo los gustos y las formas corpóreas del momento, también es cierto que, en virtud de esa extraña resonancia entre visión, verificación y fantasía que pone en movimiento, consigue prefigurar y orientar esos gustos y esas formas, crear prototipos y estilos. De lo social a lo cinematográfico y viceversa podría llamarse este movimiento.

Cine y moda: dos instituciones, dos sistemas de signos, dos lenguajes que, como dice Wenders en la película *Notebooks on City and Clothes*[1] (1989), plantean el pro-

1 Apuntes sobre vestidos y ciudades

blema de la relación entre imagen e identidad. De la identidad visual de la imagen en movimiento a la identidad corpórea de la vida cotidiana: entre la una y la otra la cuestión de cómo nos vemos a nosotros mismos, cómo nos imaginamos, cómo nos soñamos. Jacques Aumont (1998) atribuye al cine una capacidad inventiva que, a su parecer, se realiza no sólo a nivel de la narración, sino también en el terreno plástico de las imágenes, en el plano de la representación humana, en el plano de las formas (*íd.*, pp. 4-5). El hecho es, continúa Aumont, que esta capacidad inventiva se concretiza con frecuencia en elementos aparentemente insignificantes (*íd.*, p. 5) que, como en el caso del vestuario, si son esenciales para que el estudioso pueda hacer el análisis (estético, semiótico, crítico, descriptivo, etc.) de la película, son aún más importantes desde el punto de vista de la recepción fílmica, es decir, desde el punto de vista de quien quizás ni siquiera percibe conscientemente la importancia, pero que de todas formas saca de ellos sentido.

La representación fílmico-cinematográfica construye un mundo: en la película se ponen en escena, literalmente, figuras de actores sociales que se relacionan entre sí. El cine es un mecanismo generador de sentido que puede producir también sensaciones, deseos y sentimientos. Frecuentemente algunas prendas de vestir son las mediadoras de esta construcción, pero los indumentos no son simples objetos sino signos ya cargados de un significado social que la mirada de la cámara, asociada a la mirada del público, reelabora, vuelve a inventar y a restituir a las prácticas de sentido cotidianas.

Consideremos, por ejemplo, dos escenas famosísimas de dos clásicos de Hollywood: la primera es aquella en la que la protagonista femenina de la película *Perdición*, Barbara Stanwyck, es vista por primera vez por el protagonista masculino mientras baja unas escaleras y una esclava le tintinea en el tobillo. Nosotros, espectadores, vemos aparecer sus piernas al ritmo del tintineo de la esclava a través de la mirada de él que coincide con la del objetivo de la cámara. La otra es aquella en la que Gilda, en la película homónima, canta y baila quitándose un guante bajo la mirada del público del local y, en particular, de su compañero masculino, con la mirada del cual coincide el encuadre de la cámara y, consecuentemente, nuestra perspectiva. La cámara en ambos casos representa pública y socialmente el deseo a través de la mirada masculina, una mirada que se propone como "objetiva" y "natural" y es agradablemente compartida por hombres y mujeres como forma "neutra" de representación.

Hitchcock, en *Encadenados*, encuadra, sin embargo, en una escena un posible objeto del deseo femenino: la nuca de Cary Crant tomado de espaldas durante bastante tiempo cuando se presenta por primera vez en casa de Ingrid Bergman. La diferencia con los dos primeros ejemplos es que él está de espaldas a nosotros pero de cara a Bergman, y la mirada de la protagonista, la mirada de la cámara y la mirada del público no coinciden, no crean un efecto "natural" y "objetivo" de "universalidad". La espectadora podrá, si le agrada, concentrar su deseo en la nuca del actor, enmarcada por el cuello almidonado de la camisa, pero la suya será una mirada "particular" respecto al "universal". En este sentido, el cuerpo masculino o femenino, "escrito" por el indumento y mirado a través del objetivo de la cámara, por un lado está ya incluido en una red de relaciones socio-sexuales que lo definen y, por otro, remite esas definiciones a la realidad extra-fílmica, a veces, y en algunos aspectos, en forma de estereotipo, a veces en forma de excedencia, de ironía, de transvaloración. En *El amante del amor* de Truffaut, por ejemplo, la relación entre la mirada de la cámara y la mirada masculina viene mostrada con ironía "metasemiótica", expresada en la repetida y obsesiva construcción de la corporeidad femenina a través de la parte de la mujer preferida por el protagonista-voyeur: las piernas, envueltas en lisas medias de seda.

Mitos, estrellas

Cada vez que vemos una película, nuestro ojo-mente ve la moda que hay tras la película como un mensaje esencial, aunque imperceptible, porque tiene que parecer "natural" ese vestido en ese personaje, ese color de pelo, ese objeto incluso extraño y, sin embargo, perfectamente integrado en el contexto de la escena. Transformar en natural lo que es cultural es, como nos enseñó Barthes (1957), el origen de ese "lenguaje robado" que es el mito contemporáneo. Cine y moda son actualmente dos grandes receptáculos de mitos, de cultos, de estrellas: soñamos con ser Audrey Hepburn con su vestido negro de Givenchy delante de Tiffany's; nos inspiramos para la "chupa" en la cazadora de piel del "salvaje" Marlon Brando; imaginamos el dolor en el negro neorrealista de Ana Magnani. Y más cercanos a nosotros: creemos que es posible llevar el pelo azul como Stefania Rocca/Naima en *Nirvana* (Salvatores, 1997); los vestidos de Gaultier de *El quinto elemento* (Besson, 1997); los prototipos de muñeca de *Hasta el fin del mundo* (Wenders, 1991); los tacones de aguja de Almodóvar (*Tacones lejanos*, 1991)...

No obstante, cine y moda, aunque regalándonos mitos, consiguen también restituir a la sociedad la posibilidad de reflexión sobre el mismo mito, utilizando a veces técnicas paradójicas. Entre ellas, por ejemplo, la de delegar a un objeto del vestuario una función performativa que cree una especie de desorden simbólico, como sucede en *Jezabel* de William Wyler (1938), donde un vestido rojo condensa el desafío que la protagonista, Julie, interpretada por Bette Davis, lanza a su mundo convencional cuando se presenta con ese vestido en el baile, en vez de ir de blanco como correspondía en los estados del Sur a las chicas solteras de su edad. El travestismo es otra de estas técnicas que llegan a ser esenciales a la misma narración cinematográfica, como pasa en *Víctor Victoria* (Edwards, 1982) donde una mujer, cambiando de vestidos y de maquillaje, hace creer a los demás que es un hombre que a su vez hace creer que es una mujer. O, incluso, el mismo desnudo, como en *The Full Monty* (Cattaneo, 1997), donde la parodia masculina del striptease se convierte en una verdadera estrategia irónica de resistencia social y de una nueva definición de los roles sexuales.

Cine y estilo

Como escribe Ugo Volli, (1998, p. 96), entre la moda y el cine existe complementariedad, competencia y contaminación: tres modalidades casi "pasionales" a través de las que se relacionan dos sistemas de signos que con frecuencia se citan recíprocamente de manera explícita, aunque con fines y efectos diferentes.

Consideramos emblemática *Blow up* (1966) de Antonioni, película en la que el mundo de la moda es la base sea de la narración (poco importante en realidad) sea de la problemática del estatuto de la verdad en el mundo de las imágenes. Alrededor de esta película se ha creado un aura trans-generacional que en parte se puede explicar por el hecho de que las modelos de los años sesenta que fotografiaba David Hemmings, con Verushka a la cabeza, estaban construyendo en esos años con sus cuerpos y sus nombres la imagen "mundana" de la *pop model* típica de la moda como forma de cultura popular (cfr. Calefato, 1996a); en parte por el ambiente del *swinging London* como espacio metropolitano e ideal de una revolución de los usos sociales (ritmada con la columna sonora de Herbie Hancock) que de alguna manera ha sido siempre vivida como actual por las generaciones sucesivas; y en parte también por la construcción de imágenes femeninas, como las de Vanessa Redgrave y Jane Birkin, que no se correspondían a los estereotipos de la feminidad, aunque profundamente cargadas de belleza radiante y original.

La misma aura no rodea sin embargo a una película fría como *Prêt-à-porter* (1994) de Altman, en la que el director presentó secamente el mundo patinado de la moda de los años noventa como un barracón obsceno de estereotipos y nulidades. Ejemplar el desfile de las modelos completamente desnudas, entre ellas una con una barriga de ocho meses, en el que se evidencia la idea del director de que, por un lado, la moda institucional ha agotado su carga inventiva y por lo tanto sólo le queda la vía del shock que anula completamente los signos y, por otro lado, el hecho de que el público tiende a tomar por buena cualquier cosa que le desfile por delante, incluidos mensajes completamente vacíos y "desnudos" de sentido, parecidos a los famosos "vestidos nuevos del emperador" de la fábula de Andersen.

La moda y el cine están entrelazados por una sinergia única en el ámbito de los sistemas comunicativos. Registrar esta relación es ciertamente una empresa que no se agota recordando sólo las imágenes de culto sino que acompaña toda la polifonía y pluralidad de manos y ojos que producen el cine, que producen la moda. En esta polifonía es esencial el papel del figurinista, trabajo realizado frecuentemente por una mujer, como la célebre Edith Head del Hollywood clásico, o bien la italiana Elena Pescucci, Óscar por *La edad de la inocencia* (Scorsese, 1993). El trabajo del figurinista y el del estilista son diferentes entre sí, aunque a veces los estilistas no sólo firman el vestuario escénico sino que también deciden la función del vestuario como unidad semiótica esencial a la película: el papel de Jean-Paul Gaultier en *El quinto elemento* (Besson, 1995), paralelo, en la misma película, al de Moebius en la arquitectura, es ejemplar en este sentido y se diferencia cualitativamente del papel, por ejemplo, de un Givenchy en las películas con Audrey Hepburn, donde el modista marcaba el cuerpo de la estrella, mientras que ahora son las instituciones de la moda y la arquitectura conjuntamente las protagonistas de la imagen, convirtiéndose en auténticas y propias unidades narrativas y estilísticas.

El estilista, como escribe Renata Molho (1998), tiene como "único vínculo" el cuerpo, mientras que el figurinista "ha de tener en cuenta factores ya definidos de los medios técnicos que tienen vida propia". No obstante, el estilista puede intervenir "metasemióticamente" en la película, como ha sucedido en la exposición de la Bienal de Florencia de 1988, dedicada precisamente a las relaciones entre moda y cine, en un espacio de la cual nueve estilistas reelaboraron de forma original una escena, un hilo conductor, una unidad significativa de otras tantas películas italianas del pasado reciente (*Siempre hay una mujer*, *El jardín de los Finzi-Contini*, *La noche*, *Y la nave va*, *La víctima número diez*, *Medea*, *El gatopardo*, *Carrusel napolitano*, *El conformista)*. En la misma exposición, en el espacio "cine-moda", siete películas de los años noventa fueron indicadas como los motores de una revolución en el ámbito de la relación entre cine y moda, revolución en la que, como escriben Richard Martin y Andrew Wilkes (1998), se puede hablar del retorno del *style-film*, es decir, de un cine en el que el vestuario, los objetos y el estilo desempeñan un papel central y comparten la escena con la trama y con los actores, hasta incluso sustituyéndolos a veces.

¿Qué queda de todo eso más allá de la imagen? Objetos desgastados, como el vestuario de las películas famosas, exhibidos en exposiciones o vendidos en subastas, ante los que los comunes mortales caemos en adoración: los imponentes atavíos de *El último emperador* (Bertolucci, 1987); el vestido de terciopelo rojo y cintura de avispa que lleva Michelle Pfeiffer en *La edad de la inocencia*; el mágico y reluciente zapato Ferragamo de Cenicienta en la versión de Andy Tenant (1998). O bien queda, precisamente eso, un estilo, un tejido con el que construir una parte de la historia de cómo nuestra época se piensa por imágenes. Empresa esencial y tanto más impactante en su fuerza explicativa cuanto más rica y potencialmente explosiva es hoy día la invitación a no pensar a través de los estereotipos que, en la medida de lo posible, el cine nos presenta.

Cartografías del imaginario

El vestuario cuenta historias, lleva consigo pasiones y recuerdos, construye una cartografía hecha de tejidos, de colores, de estilos, de roces depositados como una escritura en el archivo de la memoria, una escritura móvil que modela el pasado y prefigura y figura el presente y el futuro. El vestuario "narrado" en el cine forma parte de este archivo de múltiples formas: permanecen como signos museales de la construcción de un mundo, pero también como elementos a través de los cuales algunas figuras de la subjetividad han asumido un sentido, han tomado forma y, a su vez, han dado vida a posibles interpretaciones.

En nuestros días, los de la reproducción masiva de productos y obras, están constitutivamente fundados sobre la comunicación global, sobre la reticulación explícita de la circulación de textos, es decir, sobre un modo de producción que es esencialmente un modo de producción, intercambio y consumo de productos en cuanto signos. Eso expone a los textos a la posibilidad de mostrar sus mismos mecanismos de funcionamiento, de destronarse en cuanto sistemas cerrados y unívocos, de exhibir ironías y aperturas. La moda y el cine son los medios de comunicación de masa que hasta ahora mejor lo han realizado. El movimiento de la mirada que realiza el cine transciende, de hecho, el cuerpo en la pantalla, haciéndolo entrar en la jerga, en la moda del momento, lo declina socialmente. El cine consigue así actuar más allá de los límites de la imagen y de la representación, introduciéndose en los modos a través de los que los cuerpos revestidos piensan y se reproducen a sí mismos en el mundo. El cine es un sistema de textos sincréticos, es decir, de textos que traducen y manipulan lenguajes diferentes, transponiéndolos en la imagen-movimiento y trasladándolos nuevamente a la vida social en el proceso de fruición y de interpretación. La relación entre cine y cultura indumentaria es ejemplar en este sentido.

Si consideramos, por ejemplo, el cine de época, nos damos cuenta de cómo es un contenedor de imágenes que funcionan como modelos de referencia para representar en la mente un determinado contexto histórico. La investigación sobre el vestuario de época constituye un trabajo esencial en la realización de la película, trabajo que pasa a través de la consulta de archivos, museos, lectura de crónicas del tiempo en el que la película está ambientada, etc. De todas formas, el vestuario histórico en el cine se manipula siempre, sea por razones prácticas, como la necesidad de no entorpecer a los actores en los movimientos, sea por razones relacionadas con la poética intrínseca de la película (colores, formas, contrastes, etc.), sea por la finalidad que se considera de especial interés, es decir, el sentido social, simbólico y extracinematográfico que el vestuario asume.

Tomemos en examen cuatro ejemplos de películas de época que han tratado el vestuario de manera absolutamente emblemática, sobre todo en relación a su función identificadora de género y clase. En *El gatopardo* de Visconti (1963), la diferencia de género y de clase a través del vestuario está enfatizada especialmente en la larguísima secuencia del baile. En *La edad de la inocencia* de Scorsese (1993), se realiza un énfasis análogo en el vestuario, aunque la operación, en cierto modo, viene casi "distanciada" en algunas secuencias, como en la que aparecen los guantes de los invitados en las recepciones, o los hombres en las calles de Nueva York con sus típicos trajes negros y sus sombreros de copa (Giannone, 1999). En *El piano* de Campion (1992), la operación de distanciamiento del vestuario es llevada a sus últimas consecuencias, pues, por un lado, el lugar común del traje masculino victoriano –el traje negro con sombrero de copa de Stuart– se manipula irónicamente; por otro, el símbolo del traje femenino de la época –el miriñaque– desarrolla funciones completamente diferentes a las vestimentarias propiamente dichas, como cuando se convierte en tienda de campaña durante la noche para Ada y su hija, o como cuando se convierte en una barrera que impide la violación de Ada por su marido (ver también el artículo de Diana Celeste en este libro).

En la relación entre moda y cine es posible, pues, percibir cómo ambos sistemas plantean el problema de la relación entre imagen e identidad: de la imagen como representación a la imagen como modo de concebir social e individualmente el sentido, como modo de representarnos a nosotros mismos como construidos a través de la misma imagen. Los ejemplos de las películas mencionadas anteriormente representan seguramente un pretexto a través del cual es posible mostrar cómo el mundo de la comunicación y de la reproducción masificada de la imagen, que durante el siglo XX alcanzó su pleno desarrollo, permite realizar interpretaciones sobre los acontecimientos, sobre el "hecho" histórico, sobre el objeto, sobre el mismo cuerpo. De hecho, cada objeto convertido en imagen y comunicado como tal nunca es sólo materia física, sino que está siempre cargado de sentido, de signos y de historias. La moda muestra perfectamente este mecanismo a todos los demás sistemas comunicativos. Los objetos que constituyen sus unidades elementales son, por supuesto, productos, pero actualmente tienen cada vez más una cuota de imaginario, de valor-signo, de información, cuota que sustituye plenamente la simple funcionalidad de un objeto y que, es más, es actualmente la verdadera función del mismo, sea un vestido, un coche o un teléfono, de los que las modas, los tam-tam silenciosos o el contagio social decretan la actualidad.

Respecto a la construcción de la identidad de género, el vestuario no se limita simplemente a reflejar la imagen dominante de los sexos que corresponde a la elaboración cultural de una determinada sociedad, sino que es también un elemento que produce sentido y que, a su vez, genera nuevos sentidos. Es, pues, un texto cultural, cuyo análisis y deconstrucción coexiste plenamente con la de otros textos culturales, sean literarios, artísticos, etc. Pero el vestuario es, sobre todo, su imagen, entendida como lugar de representación, de percepción y de reproducción comunicativa. Aquí subsiste seguramente una ambigüedad intrínseca. Si es verdad que elementos como la chaqueta, el vestido de novia, la corbata, la minifalda, etc., por citar indumentos "saturados" en relación a su función de identificadores de género en la historia del vestuario y de la moda, son todos textos que narran historias y muestran intersecciones entre ámbitos y discursos diferentes, es también cierto que lo que nosotros disfrutamos es su función comunicativa en cuanto textos-imágenes.

Este libro

El papel del vestuario en el cine ha sido considerado cada vez desde perspectivas de orden documental, filológico o de género. El método que se utiliza en este libro tiene en cuenta muchos de los estudios que la literatura especializada ha realizado, aunque considera peculiar la relación entre cine, vestuario y dimensión social. No se hace, sin embargo, un registro descriptivo o un elenco del inventario del vestuario cinematográfico en la historia del cine, sino que se utiliza una especie de paradigma indiciario en el que el vestuario es considerado, siguiendo cada vez diferentes "manipulaciones" interpretativas, como elemento base de la problemática que concierne fundamentalmente a la relación entre imagen e identidad. Los diferentes textos que componen este libro han optado por un recorrido intencionalmente "de parte" al describir cómo moda y cine se proponen a la vez como mecanismos de sentido y como escritura del cuerpo.

El primer capítulo, de Antonella Giannone, trata el tema del pasaje semiótico del vestir al vestuario cinematográfico. Aunque no se puede hablar de un "grado cero" del vestir, porque, como hemos dicho, incluso el vestir cotidiano se coloca dentro de sistemas de significación y valoración determinados (sean éstos el vestir popular, el traje en función de un rol social o el vestido de moda), lo cierto es que el vestir en el cine está completamente marcado por sentidos y significados inherentes a la escena representada. Por eso la ropa, el maquillaje, el peinado, todo el cuerpo revestido son signos. El texto analiza, con algunos ejemplos tomados de películas famosas de distintos periodos de la historia del cine, las modalidades de funcionamiento de este proceso de valoración y semiotización, en un recorrido que procede también hacia atrás, es decir, que contempla los efectos retroactivos, del vestuario cinematográfico a la ropa, del cine de moda a lo social.

El segundo capítulo, escrito por la autora de la presente edición, analiza como la moda, entendida en nuestro tiempo como mundanidad y cómo "mass moda" (Calefato, 1992 y 1996), regula, en cuanto sistema de signos coherente en sí mismo, las modalidades de presentación y transformación de las formas del gusto y del sentimiento. Moda y cine cuestionan la relación entre los sentidos y la imagen, sobre todo la imagen serial de nuestra época. La película de Wenders *Notebooks on City and Clouths*[1] (1989) es la inspiradora de este capítulo: en ella, de hecho, el director emprende un viaje insólito e inesperado por la moda como forma contemporánea de cultura popular, viaje que da cuenta de las implicaciones intertextuales e "inter-epocales" de la relación existente entre moda, cine y ciudad.

El tercer capítulo, de Diana Celeste, trata el tema del papel irónico que el vestido desempeña en el mecanismo escénico y de sentido representado por el cine. Este papel puede estar bien ejemplificado en el cine de Jane Campion, en especial en la película *El piano* (1992), donde el vestuario no sólo funciona como "vestuario de época", sino también como comentario, como parodia, como "degradación", como travestismo. El texto responde a la pregunta de qué imaginario social pueden poner en función estas estrategias irónicas que seguramente influyen en el "vestir común".

El cuarto capítulo, de Maria Giovanna Onorati, está dedicado a la película de Sally Porter *Orlando*, interesantísima traducción intersemiótica de la novela de Virginia Woolf, que tiene por protagonista a un personaje que vive durante cuatro siglos y que en el curso de su larga vida cambia de sexo, de hombre a mujer. En la película, Orlando es el cuerpo revestido en todos los sentidos, pues es el vestuario el que hace de marca semiótica principal de la identidad sexual y del paso del tiempo: en el vestuario están condensados los cambios de Orlando, de época y de género, en ese espacio utópico que el cine y la literatura consiguen representar de modo insuperable.

El quinto capítulo, de Francesca De Ruggieri, analiza la película de Greenaway *The Pillow Book* (1995), que podríamos definir como la representación de esa especial perversión erótica ligada al escribir y hacerse escribir el cuerpo como metáfora del gesto de vestirse entendido como marcar el cuerpo de textualidad. La identidad sensorial del cuerpo es en este caso la escritura: escribir en el cuerpo equivale a cubrirlo de textualidad no representativa, no designativa, pero válida

1 Apuntes sobre vestidos y ciudades

en sí misma como principio de placer. En este sentido se explicitan sugestivas analogías entre escribir y revestir el cuerpo.

El sexto capítulo, de Antonella Alba, vuelve al tema de la corporeidad, reconstruida esta vez en el escenario metropolitano de finales de milenio de la película de Kathryn Bigelow *Días extraños* (1995). Han sido muchas las formas en las que, a través del vestuario, el cine ha imaginado el cuerpo del futuro, desde *Metrópolis* (Lang, 1929) a *Blade Runner* (Scott, 1982), a *El quinto elemento*. Desde nuestro punto de vista, este aspecto nos importa, más que en la óptica de una historia del vestuario cinematográfico de ciencia ficción, en la de un análisis de la construcción, a través del vestuario, de una utopía del cuerpo entendido en su imaginario "*post-gender*" y en la óptica "*ciborg*" (Haraway, 1991; Colaizzi en Calefato, 1996). Con frecuencia (véase *Días extraños* y también *El quinto elemento*) la ropa, o la prótesis corpórea, cumple un papel determinante en la organización de la trama fílmica. El texto analiza también qué consecuencias ha tenido y tiene este imaginario en la sociedad.

I. La construcción del sentido fílmico entre el vestir y el vestuario escénico

Antonella Giannone

El vestuario como práctica de sentido entre cine y moda

Un aspecto característico de la comunicación de masas en la modernidad, con rasgos más vistosos y exasperados en lo que llamamos "postmoderno", es lo que a primera vista podríamos definir como un estado de confusión de roles, ámbitos y competencias a través de los que cada uno de ellos debería sin embargo distinguirse. La interrelación de los medios, la pluralidad de canales, de lenguajes y de estilos de comunicación han llegado a ser, de forma cada vez más marcada, la condición obligatoria de quien comunica sabiendo que interpela no a un interlocutor definido, o por lo menos de rasgos identificables, sino a la globalidad de interlocutores y sus posibles reacciones.

La moda y el cine, como aparatos de producción y circulación de sentido a escala global, pueden tomarse como paradigmas de esta condición, sobre todo en la medida en que ambos, aunque con modalidades estructuralmente diferentes, generan sentido apropiándose de discursos de distinta procedencia, adaptándolos a sus propios medios, en un proceso de transformación continua.

A esta afinidad, que podríamos llamar de método, se añade además una relación directa entre cine y moda que se juega en un terreno común a ambos, el de los estilos de vida, de los modelos de comportamiento y de los "modos" sensibles de estar en el mundo de los que ellos son, aunque de manera diferente, propagandistas.

Analizada frecuentemente de manera unidireccional, esta relación procede en realidad de distintas direcciones. De hecho, la relación de sinergia entre cine y moda asume su aspecto más obvio cuando el cine se convierte en foco de contagio de una determinada moda, en un movimiento que va de la ficción cinematográfica a la realidad extracinematográfica, debido a una serie de procesos de transformación y de "transvalorización" (transvase de valores) que el cine, siguiendo un movimiento opuesto, ha realizado ya en determinados comportamientos y formas de experiencia, en los signos del vestuario y en sus modalidades de uso, para poder adaptarlos a sus propios fines y a sus propias modalidades de significación. Precisamente este aspecto, fundamental a nuestro parecer para una comprensión del carácter "circular" de la relación entre cine y moda, resulta uno de los más descuidados, no sólo en los estudios sobre la moda sino también en los estudios sobre cine. Esto, a pesar de que la teoría cinematográfica de los últimos treinta años haya considerado cada vez más el cine como una gran maquinaria de contaminación de discursos diferentes y haya hecho de la pluralidad discursiva del cine, además de un objeto privilegiado de investigación empírica, una premisa para cualquier modelización de su funcionamiento a partir de Christian Metz (1977a), que proponiendo la distinción entre códigos cinematográficos y códigos extracinematográficos como "ingredientes" constantes del texto fílmico, hablaba de un típico fenómeno de *ida y vuelta*, por el que la realidad entra en el cine, es filtrada y transformada y al salir lleva siempre consigo algo de cine (*íd.*, p. 87).

Nuestra aportación pretende concentrarse especialmente en algunos procesos de transvalorización que el cine opera sobre la moda, aunque limitándonos, por motivos de método y de espacio, a un ámbito determinado de los muchos que la moda llena de sí, es decir al vestuario, entendido como práctica cultural y de sentido mediatizada por sistemas de signos sujetos a cambiar con el tiempo.

Situado entre los discursos extracinematográficos de los que el cine se apropia, el vestuario, aunque imitando algunas de sus funciones "reales", cotidianas, desarrolla en este contexto nuevos campos y modalidades de significación, constituyendo así un nivel interpretativo constantemente presente en la producción de sentido fílmico, aunque asumiendo cada vez una relevancia distinta según los géneros, los estilos y las épocas históricas del cine. En el contexto de ese "mundo posible" regulado por sus propias leyes que cada texto fílmico actualiza, y que el vestuario contribuye a delinear de manera decisiva, los signos del vestir se articulan en otro sistema de sentido que identificamos como "vestuario de época".

El vestuario en la puesta en escena de mundos imaginarios

El vestuario cinematográfico, y podríamos decir lo mismo del vestuario teatral o en general de todos los usos vestimentarios relacionados en cualquier modo con la representación de mundos imaginarios, el carnaval por ejemplo, no es nunca una mera reproducción del vestuario real. Así pues, cuando se habla del vestuario cinematográfico poniéndolo en relación con el vestuario real, no queremos describir una especie de "primariedad" del vestuario cotidiano respecto al de la puesta en escena sino, más bien, subrayar cómo esa relación se juega sobre la copresencia, en el macrotexto de los signos vestimentarios, de múltiples sistemas que producen sentido de manera diferente, aludiéndose mutuamente, negándose, completándose. De hecho, no tiene sentido hablar de los significados del vestuario si no lo inscribimos en el discurso de todos los artefactos que revisten el cuerpo dotándolo de un sentido que no es nunca absoluto, aunque siempre ligado al espacio y al tiempo que representa y del que nos informa. Esta consideración de carácter general es una premisa necesaria para individuar el especial funcionamiento del vestuario en los textos audiovisuales, en los que experimenta junto al cuerpo otras formas de espacialidad y otros modos de relacionarse con el tiempo.

Hay que hacer otra premisa para aclarar un obstáculo de fondo que seguramente complica el reconocimiento del papel del vestuario en los mecanismos de producción de sentido fílmico: este estatuto sígnico del vestuario, que nosotros estamos dando por descontado, no siempre se acompaña de una recepción consciente, no se es consciente de él.

En los temas dominantes del cine, en el llamado cine realista, seguramente el mayor responsable de la construcción sea de modelos generales de recepción sea de un imaginario colectivo cinematográfico, la red de asociaciones y de significados que el vestuario pone en movimiento es recibida con frecuencia de manera automática. El automatismo que caracteriza frecuentemente la interpretación del cine conduce en cierto sentido a la desaparición de los signos, a su naturalización, a ser fagocitados en esa potente impresión de realidad, de la que hablaba Metz como rasgo distintivo del cine respecto, por ejemplo, a la ficción teatral, donde todo lo que se nos ofrece en visión coincide perfectamente con nuestra experiencia o por lo menos podemos integrarlo de manera plausible. Naturalizado en su significado, el vestuario se hace imperceptible y, como sugiere Jane Gaines, la impresión consciente que obtenemos es la de personajes que "simplemente van vestidos" (en Gaines, Herzog, 1990, p. 192) y, por cuanto vistosos puedan ser sus atavíos, parecen simplemente accesorios o completamente extraños al proyecto narrativo de fondo.

Las modalidades de recepción del cine dominante vician en cierto sentido el modo en que nos relacionamos con cada género de película, incluso con aquellos que apuntan a la ruptura del encanto y a la negación del efecto de realidad, donde el vestuario juega un papel esencial en la producción de sentido, puntualmente ignorado por los espectadores, críticos incluidos.

De la fundamental importancia del vestuario en la construcción de representaciones cinematográficas creíbles, de su capacidad de "hacer" el mundo representado, no un mundo aproximado, sino "ese mundo", de darle cuerpo e identidad uniéndose indisolublemente a sus espacios, podemos darnos cuenta más fácilmente cuando nos encontramos ante imágenes detenidas, no vinculadas al tiempo ni sujetas al ritmo de la narración: imágenes donde de alguna manera la mirada puede detenerse sin la obsesión del después. O bien cuando en otros contextos mediáticos se alude al cine, tratando de recrear atmósferas o estilos, y el vestuario constituye un punto de partida fundamental para interpretar la alusión o la citación. En este contexto, pensemos en las continuas alusiones a los estilos vestimentarios del cine que la fotografía de moda y la publicidad, con fines diferentes, proponen, nos damos cuenta más fácilmente de que no nos encontramos ante simples vestidos, sino más bien ante una puesta en escena del vestido realizada con técnicas determinadas, ante una revalorización del vestido que nos remite a un tratamiento especial que el cine le ha reservado, quizás en el ámbito de un género, de un tema, del corpus de una película.

Fuera del cine estamos más dispuestos a reconocer la "filmicidad" de algunos vestidos, su dependencia de un sistema visual más complejo del que forman parte integrante, su pertenencia a un orden que de alguna forma conocemos y que nos ofrece el código de interpretación común a distintos vestidos. Un experimento de este tipo es la base de la serie de fotografías titulada *Untitled Film Still* (1975-1993) de Cindy Sherman, la fotógrafa americana que ha hecho del autotravestismo, en escenarios y contextos diferentes, un elemento fundamental de su arte, trabajando precisamente con la fuerza performativa de la que se carga la ropa cuando, al ser reconocida en base a un código como signo de una determinada situación, asume la capacidad de realizar determinadas inferencias a quien la observa, de definir las situaciones e imponer casi una clave de lectura. En los *Film Still*, Cindy Sherman es el personaje imaginario de una serie de películas igualmente imaginarias que, sin embargo, evocan con fuerza géneros, registros estilísticos de la cinematografía de los años cincuenta, profundamente radicados en nuestro imaginario cinematográfico y por lo tanto fácilmente reconocibles: Hitchcock, la *nouvelle vague*, el neorrealismo, etc. Se trata de imágenes sin un referente determinado que ponen de relieve cómo combinando elementos diferentes, como la luz, los tipos de encuadre y la angulación, el vestuario, el maquillaje, es posible crear un efecto cine muy creíble, generar imágenes de películas que no se han rodado nunca, pero que nos parece haber visto. La figura femenina que Cindy Sherman encarna en cada fotografía constituye un plano de significación central en la economía de estos simulacros. El vestido o incluso algunos de sus detalles significativos, un tipo especial de gafas de sol, una falda de cuadros combinada con calcetines cortos, una felpa en el pelo, una combinación, generan junto a la gestualidad y la mímica lo que con Jean-Marie Floch (1994) podríamos definir una identidad visual concebida por bricolaje. A los personajes de Cindy Sherman podemos verlos como el producto de ese modo de producción de sentido, al que Lévi-Strauss ha dedicado gran parte de su obra, que consiste en recortar y pegar distintos elementos sensibles ya dotados de significado, para dar vida a un objeto de sentido nuevo (Floch, 1994, pp. 3-9). Pero la operación de Cindy Sherman es más bien una operación de bricolaje al contrario, que trata de crear de lo viejo, de lo ya visto, una especie de bricolaje de segundo grado, podríamos decir, que imita bricolajes ya hechos, que realiza figuras "nuevas", pero inscribiéndolas en el sistema de identidades visuales del cine del pasado, ritualizando papeles cinematográficos codificados, sea el de mujer fatal sea el de buena chica de la provincia americana, evidenciando el estatuto de construcción.

Los signos vestimentarios en el contexto cinematográfico y en el texto fílmico: reglas de transformación

Considerados en su materialidad, como si se tratara de un género vestimentario, y prescindiendo de sus particularidades específicas y de las funciones que se le asignan en cada película, los vestidos y trajes cinematográficos parecen tener en común una característica que los marca: como sugiere Volli (1992), parecen exagerados, vistosos, difíciles de llevar. Y es a partir de esta diferencia de estilo referida a las cualidades plásticas del vestuario, es decir, al modo en que combinan formas, colores y tejidos, por lo que el vestido puede ser considerado como signo. Con frecuencia son interpretables como "signos icónicos" de vestidos que quizás hayan existido históricamente y se hayan usado en contextos reales, en otras palabras, vestidos que calcan otros vestidos, que se parecen a ellos bajo ciertos aspectos, como diría Peirce, aunque diferenciándose en otros. Un vestido histórico que se nos presenta como una reproducción perfecta y fiel de un vestido barroco, por poner un ejemplo, puede compartir con el original sólo las características esenciales, el corte, la forma, los motivos del tejido, y usar, en vez de brocado pesado, como en el original, una tela más ligera que permita a la actriz que lo lleva mayor libertad de movimientos. A pesar de lo cual, el vestido nos remite a un vestido barroco, nos transmite la sensación de su peso, significándolo, y actualiza al mismo tiempo todo lo que nuestra competencia cultural puede asociar a él: exageración, manierismo, rituales de corte, etc.

Pero no son sólo diferencias de carácter material, no son sólo los cuellos y solapas exagerados de los que habla Volli los que hacen que una prenda de vestir se convierta en vestuario cinematográfico, confiriéndoles esas características por las que el vestuario se amalgama en la imagen constituyendo un plano interpretativo. De hecho, pensemos que con frecuencia forman parte del vestuario vestidos comprados en grandes almacenes, ropa normal, o que –como asegura la tradición– las primeras actrices de cine mudo, en la fase anterior a la llegada de los grandes creadores de vestuario, se hacían solas su propio guardarropa. Algunas variaciones en el modo en que el vestuario es presentado en cuanto imagen son, por ejemplo, producto de acondicionamientos de tipo tecnológico que alteran el rendimiento de las cualidades materiales en la pantalla, cualidades que hay que recuperar de otro modo. Si tomamos, por ejemplo, dos grandes sistemas de la historia del cine, el blanco y negro y el color, se puede establecer un modo distinto de significación del vestuario en cada uno de ellos, dictado en primer lugar por el distinto rendimiento de la imagen en cada uno de ellos. Esto repercute, aparte de en la elección de las cualidades sensoriales del vestuario, en el modo en que el vestuario se resalta ya que, al contrario que en la realidad, un vestido no puede pasar inobservado. Se delinea aquí una característica fundamental del vestuario cinematográfico que podríamos definir con Volli "amplificación" (1992, p. 158) y que es la puesta de relieve necesaria, a través de distintas técnicas, para que el vestido se vea. La amplificación puede ser considerada como una primera regla fundamental de "cinematografización" del vestido, y como vuelve a sugerir Volli, como "ese tanto de exceso que permite que se instale la espectacularidad" (*ibídem*). La espectacularidad del cine viene dada, como sabemos, por la espectacularidad de las imágenes. Como regla de transformación que preside la conversión del vestuario en imágenes, la amplificación no opera sólo sobre las cualidades materiales y por lo tanto, usando la terminología de la semiótica cinematográfica, a nivel pro-fílmico, sino también, y sobre todo, en la relación que se establece entre el vestuario y otros elementos cinematográficos. El vestuario, tal y como se muestra en el contexto cinematográfico, no está hecho sólo de tela, para entendernos, sino que, en cuanto vestuario filmado, está hecho de luz, de angulaciones, de detalles amplificados que, por el modo en que vienen enmarcados y relacionados con todo lo demás, asumen a veces una posición más importante que el vestido en sí, se convierten en el centro.

Por eso no debe extrañarnos, ante esta pluralidad de canales y de contextos de los que el vestuario cinematográfico obtiene su significado, la desilusión que casi siempre sentimos cuando nos encontramos ante prendas del vestuario cinematográfico expuestas en un museo, cuando, a pesar del esfuerzo realizado por el expositor en reconstruir en cierta medida el contexto ideal, esas prendas nos impresionan sobre todo por su "obviedad", y difícilmente vuelven a reactivar la imagen fílmica que nuestra memoria conservaba de ellas. Por eso, en vez de revivir la magia del cine a través de este o aquel vestido célebre, nos encontramos sorprendiéndonos por alguna perla amarillenta, por costuras mal acabadas, por telas un poco triviales.

Pero aparte de las transformaciones a nivel del significante vestimentario, la cinematografización del vestuario depende de otras reglas de transformación que actúan sobre su capacidad de representar algo más, de relacionarse con el mundo representado, de establecer relaciones con lo visible y lo invisible de ese mundo. Llamaremos "narrativización" del vestuario a una segunda regla fundamental de transformación que introduce el vestuario en el circuito de la narración fílmica, relacionándolo con los otros elementos que componen la narración, sobre todo con el tiempo, del que el vestuario recibe la posibilidad de alinear y acumular significados y articular una narración propia.

Este modo de funcionar del vestuario resulta más fácil de reconocer en el contexto de las películas de ficción, donde los mecanismos narrativos forman parte de la competencia que los espectadores activan, sabiendo que se encuentran en un especial orden de discurso cuyas reglas conocen. Aquí nos ocuparemos solamente de cómo el vestuario funciona en las películas de ficción, aunque esto no impide que otros sistemas textuales de no ficción, los documentales por ejemplo, puedan dotar al vestuario de una dimensión narrativa, desde el momento en que también este tipo de textos audiovisuales, como sugiere Jost (1996, p. 128), utiliza lógicas de sucesión y transformación como instrumentos universales de narración, aunque para contar hechos realmente ocurridos.

Naturalmente, el funcionamiento del vestuario en el contexto de la narración fílmica está en estrecha dependencia del tipo de sistema narrativo del que forma parte, de los distintos estilos y géneros de la narración, en relación a los que el vestuario significa de forma diferente. En este sentido podríamos definir el uso del vestuario como una unidad de género o de estilo, sea desde un punto de vista estético-visual sea desde el punto de vista de los contenidos que transmite. De hecho, la repetición de determinados usos y configuraciones del vestuario ha producido una serie de códigos de distinto tipo, que dotan a textos fílmicos diferentes de una identidad común y que hacen del vestuario mismo, cuando se conforma a determinados códigos, un factor fundamental de la "credibilidad" del mundo representado. Así pues, en el ámbito de los textos fílmicos, el vestuario es una cláusula fundamental de lo que Greimas (1979) llama "contrato de verificación", una especie de acuerdo por el que los destinatarios de un texto de ficción se comprometen a "creer como verdad / tomar por verdad" lo que el emisor del mensaje les "presenta" como tal, sobre la base de una coherencia establecida precisamente por contrato. Se puede hablar, por ejemplo, del vestuario como principio de coherencia en las películas del oeste, basándose en las funciones que el vestuario desempeña de manera ejemplar en este tipo de narración fílmica: la semiotización del bueno y malo, de quien está dentro y quien está fuera de la comunidad, de quien viene de la ciudad y es reconocido inmediatamente por la ropa que lleva, aparte de la visualización de la inminencia del duelo final como cambio de dirección de la narración, etc.

Cada sistema narrativo remite pues, sobre la base de los distintos contratos de verificación, a lo que con Barthes (1967a) podríamos definir una "política del vestir" como política del signo, como práctica del sentido en la que se refleja la ideología de la película, sus presupuestos, armonizando distintos sistemas significantes entre sí.

De todas formas, más allá de especificidades de este tipo, hay ámbitos de significación del vestuario presentes de manera más o menos acentuada en toda narración. Se trata de esas relaciones de recíproca interpretación que en toda película se establecen, en primer lugar, entre vestuario y personaje y después, a partir de esta relación, entre el vestuario y el tiempo y el espacio de la narración. Este género de relación nos remite a una función universal del vestuario en los mundos de ficción en general que encuentra una explicación, aparte de en un proceso de convencionalidad, en el hecho de que el vestido, configurándose como extensión, prolongación del cuerpo, comparte en la realidad, y de manera más marcada en la ficción, la función de dar sentido a las coordenadas espacio-temporales.

El vestuario y el personaje

El personaje cinematográfico se configura como una construcción compleja que recaba sentido de distintas fuentes: de los rasgos físicos del actor que lo interpreta y, por tanto, del modo en que determinados rasgos físicos están dotados de sentido en una cultura (por ejemplo ser rubio respecto a ser moreno), del modo como se relaciona con el sistema de roles convencionales y de las connotaciones específicas que asume en un texto determinado (cfr. Gardies, 1980). El vestido puede contribuir a la construcción del personaje cinematográfico, sobre todo, incluyéndolo en una categoría más amplia, la de los roles, representando algunos de sus rasgos. Estos rasgos pueden ser estrictamente cinematográficos, o sea ya ligados a un iconografía determinada, piénsese en el gángster, en el vaquero, en el detective, etc., o bien pertenecer a unidades narrativas extracinematográficas que circulan en distintos discursos y que el vestuario puede representar con mayor o menor libertad: el vestuario que antes de definir a ese personaje determinado que es un rey, define la realeza como comportamiento, como rol (*íd.*, p. 76). El vestuario se encarga además de diversificar a los personajes, dotándolos de una determinada marca visual que los hace inconfundibles, que los pone de relieve respecto a otros personajes menores o respecto al paisaje.

La semiótica que el vestuario actualiza en relación al personaje asume en la narración fílmica connotaciones específicas que se explican en gran parte a través de la especial relación entre cuerpo y revestimiento en el cine, donde es la misma corporeidad la que asume una dimensión nueva respecto a otros contextos de significación.

El cuerpo es un engranaje fundamental del texto fílmico que actúa a distintos niveles de significación, en primer lugar como una especie de unidad de medida de la identificación entre espectador/espectadora y mundo representado. A propósito de la centralidad del cuerpo en el cine, Lotman (1976, p. 45) ha subrayado como el cine con sus técnicas ha puesto a punto un proceso que en realidad ya había iniciado la pintura moderna, es decir, la segmentación, la descomposición del cuerpo, del que emergen viejas y nuevas áreas de relevancia, y, a la vez, la recomposición, que hace del cuerpo en el cine un texto legible según criterios textuales propios. Hay que recordar, como sugiere Gardies (1980, p. 96) que la fragmentación que el cine realiza sobre el cuerpo no siempre produce una significación por metonimia: en otras palabras, los detalles del cuerpo que el cine aísla a través de los primerísimos planos no sólo están por el todo, por el cuerpo entero, sino que asumen una propia autonomía. Los ojos, las manos, las piernas, generan en el cine poéticas y recorridos de sentido autónomos. El vestuario como revestimiento del cuerpo imita algunos de sus significados, se presenta como su extensión y es a la vez un factor fundamental en la semantización de algunos de sus fragmentos, en resumen, un instrumento decisivo en el proceso de semiotización al que el cuerpo es sometido en el cine. El fetichismo de algunas partes del cuerpo, que el cine activa continuamente, se produce precisamente en sinergia con una serie de indumentos que son ellos mismos producto de ese proceso de transvaloración: los zapatos, las medias, los guantes, el maquillaje de los ojos, etc. La fragmentación del cuerpo en detalles de valor y significado autónomo está además fuertemente relacionada con la cuestión del punto de vista y de los sujetos que lo enuncian, pues el cine es, como sugiere Jost, incluso en sus aspectos más técnicos, una institución antropomorfa (1996, p. 130). Precisamente la relación entre el cuerpo cinematográfico como "construcción" y las dinámicas de la mirada ha sido desde el principio un tema central en la reflexión teórica que ha relacionado la teoría fílmica al feminismo/femenino. Este tipo de estudios ha focalizado la propia atención sobre todo en la posición del cuerpo femenino en las estructuras narrativas hollywoodianas, evidenciando la perspectiva patriarcal en la que están basadas, en la que los hombres detentan exclusivamente el punto de vista y las mujeres son simplemente objeto de la mirada (Mulvey, 1975).

En virtud de esta fuerte relación con el cuerpo, en el cine, el vestuario está para el personaje, sea sobre un plano sintagmático, de contigüidad, sea sobre un plano paradigmático, de sustitución. En otras palabras, el vestuario en cuanto signo puede estar por el personaje, significando metonímicamente algunos rasgos, por ejemplo la modestia, la riqueza, la nacionalidad, etc., o bien, sustituirlo en el curso de la narración y convertirse en su metáfora. Esto sucede, por ejemplo, cuando un indumento, una vez que se ha convertido en el signo de identificación de un personaje, puede representarlo en su ausencia. Un indumento encuadrado en un determinado contexto remite inmediatamente al personaje que lo ha llevado y, además, según su posición y su modo de relacionarse con otros objetos vecinos, nos da información sobre ese personaje, sobre el lugar y el tiempo, sobre lo que está sucediendo fuera de campo. Pensemos en lo que se ha convertido en un cliché cinematográfico más allá de cualquier género: una serie de indumentos, desde los más externos a los más íntimos que, encuadrados uno tras otro, nos conducen a un lugar al que no podemos acceder, sugiriendo las distintas fases de una escena erótica a la que no hemos asistido y que continúa en la intimidad de un dormitorio. En las películas de suspense, sin embargo, prendas aparentemente insignificantes se convierten en pistas que hay que seguir, pistas que poco a poco nos llevan a la reconstrucción del personaje que las había llevado, o bien signos que prueban su paso por un determinado lugar, que desvelan, en su ausencia, su verdadera identidad, que prueban su culpabilidad.

Pero los modos en los que el vestuario sustituye al personaje que lo lleva, los procesos a través de los que cosas y personas se corresponden, remiten a códigos, a usos, a políticas de signo diferente según las épocas y los estilos cinematográficos examinados. Jane Gaines (en Gaines, Herzog, 1990) evidencia cómo el cine mudo y el cine sonoro han hecho un uso completamente diferente del vestuario en la caracterización del personaje, uno basado en una política de derroche de significantes, de detalles, el otro más equilibrado y preocupado por que el vestuario no distraiga la atención de los diálogos. Un ejemplo claro del uso del vestuario en el cine mudo es la puesta en escena de Theda Bara, una de las primeras divas que produjo el cine, personaje exótico por excelencia, caracterizado por un plus expresamente ostentado de vestidos y complementos. Para las divas del cine mudo, sugiere de nuevo Gaines, interpretar un papel y dar cuerpo a un personaje se reducía a una especie de *dress-plot*, es decir, a una narración basada sustancialmente en el cambio de vestuario, en pasar de un vestido a otro. Al pasar del mudo al sonoro, la introducción del diálogo como ulterior posibilidad de caracterización del personaje a través de la voz y los diálogos lleva a una atenuación del uso del vestuario, a una limitación de su papel, que ahora no puede excederse, para evitar que polarice demasiado la atención de un público que aún no estaba acostumbrado a "escuchar" el cine.

Una política peculiar de la relación personaje-vestuario se encuentra en la base de la construcción de la estrella cinematográfica, una especie de camino intermedio entre personaje y persona, y de su inclusión en narraciones fílmicas hechas a medida de su corporeidad. En esta relación especial, que merecería ser tratada aparte, el vestuario interpreta a la vez el personaje de un determinado texto fílmico y la imagen global de la estrella que, como muy bien indicó Richard Dryden, continúa circulando en otros contextos más allá de las películas y del cine mismo. De hecho, uno de los deberes por contrato de las estrellas era el de mantener un estilo vestimentario en la ficción cinematográfica y en la "realidad" confeccionada por la prensa y las revistas del corazón que conservara el halo divino de sus apariciones cinematográficas. En la construcción de la imagen de las estrellas, el revestimiento en general como modo de enfatizar el cuerpo es el que juega un papel fundamental, y la distinción entre ropa y vestuario, entre cotidianidad y teatralidad, pierde en este caso consistencia.

Otro canal en la difusión de estas imágenes es el que puede ser considerado un género fotográfico aparte, el retrato de las estrellas, donde éstas llevan vestidos adecuados a su imagen cinematográfica, combinados con los complementos que constituyen sus signos distintivos. Esta continuidad de estilo de las estrellas dentro y fuera de las películas era frecuentemente asegurada por la presencia de un único estilista, cuya función precisamente era la de crear sea el vestuario escénico sea la imagen global de la estrella que circulaba por otros medios de comunicación. En este sentido, recordemos la relación indisoluble en una fase tardía del *star system* entre Audrey Hepbrun y el estilista francés Givenchy, quien procedió a crear una imagen unitaria de la actriz americana dotándola, sea en el cine que en la realidad, de ese estilo inconfundible caracterizado por la combinación de elementos elegantes y deportivos, por el equilibrio entre feminidad y androginia, que hacían a Audrey Hepbrun tan diferente de las otras actrices "voluptuosas" de aquellos años.

Un ejemplo paradigmático de la relación entre estrella y vestuario nos viene dado por la construcción de Marlene Dietrich, cuyas películas son ejemplares de cómo funciona el vestuario en relación al personaje y a los otros elementos de la narración, pero sobre todo de cómo el vestuario se somete a través del uso hiperbólico de determinados tejidos, complementos y detalles, a la función típicamente barroca de sorprender y maravillar. Acumulando una serie de signos que con Aleida Assman podemos definir "asemánticos" (1997, p. 716), como sucede en el arabesco, o bien en el uso de algunos motivos decorativos en arquitectura, signos que no remiten a un significado sino que se remiten unos a otros y que, en nuestro caso, crean referencias visuales entre una y otra aparición de la actriz, el vestuario le da siempre un rostro nuevo y confirma a la vez el mito Marlene Dietrich, bellísima, calculadora, peligrosa, poco fiable... En *The devil is a woman* (Von Strenberg, 1935) estas características del personaje y de la estrella están indicadas no sólo por el vestuario en sí, sino también y, sobre todo, por los continuos travestismos que la actriz pone en escena y que reactivan una asociación de antigua tradición, la que existe entre vestidos y mentiras.

Pero si la estrella propone siempre una feminidad absoluta y sin parangones, la esencia de la mujer en cierto sentido, una función central del vestuario, en el contexto de otros estilos cinematográficos, es precisamente la de caracterizar y diferenciar en un plano visual distintos papeles femeninos. Esto es evidente en muchas películas de suspense (podemos recordar *Retorno al pasado*, 1946; *El sueño eterno*, 1946; *La furia humana*, 1949; *Los sobornados*, 1953) en las que junto a los papeles femeninos clásicos, en posición dependiente de los papeles masculinos, se colocan papeles femeninos insólitos en el contexto hollywoodiano, papeles de mujer que, como explica Ann Kaplan (1978), se presentan frecuentemente como un obstáculo a la acción masculina. En este contexto la diferencia entre la mujer fatal, la mujer de la que no te puedes fiar, peligrosa, sin relaciones estables y que, como todos los hombres de las películas de suspense, vive de noche, y la mujer tradicionalmente unida a la familia, a su rol doméstico, se construye también a través del vestuario, jugando sobre la contraposición entre significantes vestimentarios que remiten a significados diferentes. Plumas, tejidos laminados y transparentes, pieles, para connotar la corporeidad "animal" y ambigua de la primera; tejidos resistentes, motivos clásicos, economía de detalles, para indicar la firmeza, la estabilidad de la mujer-ángel del hogar de la segunda.

Si un aspecto fundamental del vestuario y de los signos vestimentarios en general en las películas es el de personalizar, el de dar una marca visual a personajes diferentes, puede desempeñar también la función contraria, es decir, representar identidades superiores, indicar la impersonalidad o incluso el anonimato. Este procedimiento se utiliza generalmente para crear una diferencia visual entre los personajes y el fondo de imagen, que puede estar formado por un grupo anónimo de personas o por una comunidad connotada en su conjunto. Una estrategia de anonimato se obtiene poniendo de relieve un vestuario uniforme, privilegiando encuadres que excluyen el rostro como elemento personalizador. Pensemos en el famoso encuadre de las botas militares en *Stacka* (1925) de Eisenstein para indicar el ejército anónimo o, en general, en el uso de uniformes militares o de cualquier otro tipo de vestuario que sirva para identificar a enteras zonas geográficas o grupos sociales en conjunto. Pensemos, por ejemplo, en el modo en que el vestuario contribuye a formar la comunidad y el movimiento coral de los pescadores sicilianos en *La tierra tiembla* (1948) de Visconti.

Otro ejemplo interesante de la capacidad despersonalizadora del vestuario y de la ropa en general lo tenemos en *La lista de Schindler* (Spielberg, 1994), donde el vestuario uniforme y marcado por la estrella de David contribuye a crear la masa anónima de los hebreos deportados y asesinados por los nazis, y donde para referirse a una niña determinada el director usa la técnica de colorear, en el verdadero sentido de la palabra, el abrigo de rojo, interviniendo en la imagen desde fuera para evidenciar lo que, dejando la imagen tal y como era, se perdería en el anonimato del conjunto.

Vestuario y tiempo

En cualquier película se establece una red de constantes asociaciones entre vestuario y tiempo, más exactamente, entre el vestuario y las distintas formas y dimensiones de la temporalidad en acción: el tiempo histórico en el que se coloca la narración, el tiempo de la historia y el tiempo de la narración y, por tanto, los modos en los que se expresa el lapso de tiempo en el que se desarrolla la acción, que en la película, como todos sabemos, se puede comprimir, extender o quedar intacto.

Los modos de relación del vestuario con el tiempo histórico de una narración fílmica son distintos. La mera función referencial que desempeña en algunas películas no agota las posibilidades que tiene el vestuario, en cuanto evoca una época, de reflejar y comentar a la vez sus diversos aspectos, actualizar en el ámbito y al servicio de una película contextos que van ligados al vestuario de cada época a partir de la corporeidad, de la cultura del cuerpo que todo sistema vestimentario transmite inevitablemente. El vestuario no se limita pues a funcionar de indicador temporal sino que se ofrece como sistema articulado a través del que se pueden realizar determinadas opciones respecto a una época: sintetizar algunos aspectos y aludir a otros que no se han tratado en la película, tomar partido, al representar una época, sobre las situaciones que la han caracterizado. Esto sucede, por ejemplo, en *El piano* (Campion, 1992), donde los vestidos victorianos de Ada y de su hija, y también de otras figuras menores, encuadrados desde mil ángulos distintos y descompuestos en todas sus partes y detalles, se configuran como signos que comentan todo el sistema vestimentario de la época victoriana, la concepción del vestir y de la relación con el cuerpo que la caracteriza, la relación que se establece entre vestuario y género sexual, los modos en los que un sistema vestimentario incide en las formas de erotismo. Así se explica, en el contexto de esta película, la "gratuidad", en la economía de la narración, de algunos encuadres que se fijan en detalles de los vestidos; las numerosas pausas narrativas en las que la cámara viaja lentamente por el cuerpo de la protagonista, se insinúa en los pliegues de los vestidos, debajo de las faldas, se detiene en el peinado. Es este sentido, el vestuario ofrece información útil no sólo para la película, como apoyo a su diégesis, sino también para crear paralelos con lo que la narración deja fuera de sus encuadres. Visto en relación con el tiempo histórico de la película, el vestuario se configura como una especie de reelaboración continua de códigos vestimentarios que asume con frecuencia una dimensión metacomunicativa, restableciendo el acuerdo, entre quien comunica y quien recibe el mensaje, basado en el conocimiento y experiencias comunes del vestuario como práctica cultural. En el vestuario referido a épocas del pasado continuamente revisitadas por la cinematografía, y de las que nuestro conocimiento es sobre todo cinematográfico, los significados actualizados en cada película se acumulan y se sobreponen, haciendo de él una especie de palimpsesto. El figurinista, el director y el texto, aparte de los espectadores, pueden enfatizar algunos aspectos, descuidar otros, hacer que emerjan nuevos, dictados por la época en la que se realizan. De hecho, parece inevitable que cada época proyecte sobre los sistemas vestimentarios del pasado, que de alguna forma va a reconstruir, el propio sentido del vestir, el propio sentido del cuerpo y de la gestualidad. Y es precisamente en este punto donde la práctica del vestuario se muestra con frecuencia vulnerable, sujeta a burdos errores, como cuando crea modelos que, aún funcionando como índices de determinado tiempo histórico, no consiguen ir más allá de la mera asignación, sin conseguir desvincularse del presente en el que han sido concebidos. Este "mal" del vestuario, como lo definiría Barthes (1967a), se encuentra en realidad muy difundido: la mayor parte de las películas de época de producción hollywoodiana, por ejemplo, raramente consigue evitarlo. Barthes mismo, refiriéndose a los males del vestuario teatral, hablaba en este sentido del vestuario que no consigue "absorber" el rostro (*id.*, p. 96), indicando como frecuentemente la fidelidad al pasado del vestuario, estática y museal, se combina mal con la modernidad inscrita en los gestos y en el rostro del actor o de la actriz.

Lo que hasta ahora hemos definido como el tiempo histórico en que la película está ambientada puede referirse además a una época pasada que nunca existió, puramente inventada, o a una época futura. En estos casos, el vestuario, además de contribuir a la creación de la diégesis, de la semiotización de los personajes y demás, cumple la doble función de referirse y, al mismo tiempo, dar forma y hacer creíble una época que, privada de un referente real, deja de existir en el momento mismo en el que se deja de mostrar (en otras palabras, la referencia que crea el vestuario es a la vez el acto creativo de la época misma). Como en la creación del vestuario del pasado, también en la creación de vestidos y cuerpos futuros se reflejan tensiones, modelos y representaciones colectivas ligadas al presente, por mucho que la fantasía pueda permitir una cierta autonomía. De todos es sabido que el vestuario de los héroes y heroínas del 2000, en las películas de ciencia ficción de los años sesenta –*Barbarella* (Vadim, 1968), *2001 Una odisea del espacio* (Kubrick, 1968)– que, siguiendo las primeras expediciones al espacio de esos mismos años, empiezan a construir un futuro completamente cinematográfico, se inspiraba en los esbozos de los científicos de la Nasa (Connieky, 1990) y en materiales sintéticos de reciente creación, como el PVC, que aún no había usado la industria textil.

Aparte de relacionarse con el tiempo histórico de la película y representarlo de distintos modos, el vestuario está también al servicio de las categorías del tiempo interno de la película, poniendo a disposición una serie de signos dirigidos a representar el tipo de relación que media entre el tiempo del relato y el tiempo de la narración. Generalmente el vestuario que llevan los personajes nos ayuda a orientarnos dentro de la narración, sobre todo cuando el desarrollo lineal del tiempo se interrumpe con saltos adelante o atrás que, aunque anunciados por otros signos, encuentran en el vestuario una ulterior confirmación. El cambio de vestuario entre dos escenas es uno de los modos más sencillos y rápidos de indicar implícitamente el tiempo que ha pasado entre las dos escenas. Los cambios de vestuario también pueden establecer relaciones de distinto tipo con las diferentes fases en que se articula el relato. Si en algunos tipos de narración el vestuario interviene de manera secundaria para visualizar el paso a una fase sucesiva, hay otros textos fílmicos que hacen un uso ostentoso de los cambios de vestuario para "anunciar", casi, esos cambios, para dotar a la película de un ritmo visual.

En *El contrato del dibujante* (Greenaway, 1982), por ejemplo, la organización del vestuario presenta una construcción absolutamente simétrica de la narración. Una simetría minimalista, delegada en el contraste de color entre vestidos blancos y negros: desde el principio de la narración hasta la mitad, hasta que encuentran el cadáver del dueño de la casa, toda la corte viste de blanco y el dibujante viste de negro; en la segunda parte, toda la corte viste de negro y el dibujante es el único que va vestido de blanco.

Una profunda relación entre vestuario y arquitectura temporal la encontramos en *Orlando* (Potter, 1992). El cambio de vestuario, integrado por los títulos, es un instrumento primario para indicar la organización de la película en episodios temáticos que sintetizan las distintas fases de la larga vida de Orlando, durante las cuales cambia incluso de género sexual y que se desarrollan en cinco siglos diferentes. El tiempo se inscribe en el cuerpo de Orlando incluso dentro de cada episodio, cambiándole las líneas, las formas, la agilidad, cada vez más rápidamente –reflejando la sucesión cada vez más rápida de las modas a partir del siglo XVIII– como en la carrera frenética de Orlando a través de los laberintos de su jardín, en los que entra sosteniendo con esfuerzo un imponente traje barroco y del que sale con un no menos pesado, por cuanto austero, vestido victoriano.

El vestuario y las transformaciones

Aparte de indicar y representar el tiempo, el vestuario puede encargarse, en el ámbito de la narración, de calificar el paso de los años como transformación de un personaje o de una colectividad y connotar ese desarrollo de la narración como bueno o malo, sea el cambio real o sólo aparente. A menudo, el cambio de vestuario indica, de manera diferente según el tipo de narración fílmica, un cambio interior del personaje, siguiendo una práctica de significación muy difundida y cultivada por los distintos sectores del cine dominante, como sugiere Gaines, por la que objetos y estados de ánimo llegan no sólo a remitirse mutuamente sino a crear casi identidades (en Gaines, Herzog, 1990, p. 184). Las transformaciones interiores de Gilda en la película homónima (Vidor, 1946), su continuo oscilar entre el papel de "jugadora" de la que no te puedes fiar y el de mujer sometida a la voluntad masculina, se manifiestan en el cambio de vestuario: de los vestidos transparentes y ajustados que ponen en evidencia el potencial seductor y peligroso de Gilda, según la óptica marcadamente machista de la narración, a los severos trajes chaqueta que parecen tener la función de contener el ímpetu femenino que antes o después acabará liberándose prepotentemente.

A menudo, lo que el vestuario nos muestra son las transformaciones de personajes individuales o colectividades que en el ámbito de narraciones fuertemente codificadas se configuran como ritos de iniciación. Es lo que sucede, por ejemplo, como se desprende de un estudio de Russel (1988), en la serie de películas que tratan la temática del vampiro (desde *Nosferatu* a las distintas versiones de *Drácula*) en las que la transformación del personaje femenino, desde que se convierte en víctima del vampiro, está marcada por un cambio de vestuario: vestidos ligeros, sin forma, fluctuantes, amplios camisones, que en contraste con el vestuario usado anteriormente parecen desvincularse de cualquier época e interpretar la liberación, la puesta en libertad del lado "nocturno" y reprimido de la mujer.

Al visualizar transformaciones en el ámbito de una narración fílmica, el vestuario da espacio a universos semánticos del vestir en los que reviven concepciones y motivos fabulosos de la ropa que han sido y son continuamente actualizados por la cultura popular y el sentido común, expresado frecuentemente en el lenguaje verbal de los refranes y de las expresiones idiomáticas.

El cine ha creado versiones propias de algunos motivos vestimentarios que se repiten de manera evidente en las fábulas y cuentos: desde el vestido como signo que expresa un rito de iniciación, de la juventud a la edad adulta por ejemplo; del vestido como recompensa; de la pérdida del vestido como pérdida de la identidad; del vestido que protege y hace invulnerables.

El cambio "ritual" de forma de vestir como signo del paso a una fase más madura de la vida tiene mucha tradición en el melodrama hollywoodiano, donde expresa el repentino "convertirse en mujer" de la protagonista, hasta poco antes caracterizada como ingenua adolescente, su debut en sociedad. Maureen Turim (en Gaines, Herzog, 1990) subraya cómo en el cine, tras la Segunda Guerra Mundial, este cambio narrativo fuertemente codificado está relacionado de manera indisoluble con la nueva imagen de Christian Dior, la nueva línea que el estilista francés lanzó en 1947 y que se impuso internacionalmente por la nueva feminidad que proponía, marcando un cambio respecto a las modas rígidas y masculinas de los años de la guerra. Marcado por la cintura estrecha y por la falda que se ensancha en las caderas y que recuerda al miriñaque, pero también por los tules, los lazos y los colores tenues, el nuevo vestido de cóctel estilo Dior se convierte en el cine en el signo de identificación de la debutante, ya preparada para casarse *(íd.*, p. 217).

Otro motivo vestimentario reelaborado continuamente en numerosísimas narraciones cinematográficas es el que conjuga la búsqueda de la identidad por parte de un personaje femenino y la búsqueda del vestido adecuado con el que finalmente sentirse "una misma". Abandonar los austeros vestidos de enviada especial de Moscú, junto a la mímica y a los gestos que le acompañan, y abandonarse a los caprichos de la moda parisina, significa para la *Ninotschka* (1939) de Ernst Lubitsch, –y no sin ironía– descubrir la propia feminidad y la propia ternura, su verdadera identidad, que los vestidos anteriores contribuían decididamente a reprimir.

Hay que añadir que tales motivos han encontrado en la narración fílmica un contexto ideal, precisamente gracias a algunos medios técnicos de los que el cine dispone, gracias a la capacidad del cine de crear nexos causales gracias a la elocuencia de las imágenes.

Muchos significados del vestuario que, constantemente actualizados, adaptados a nuevos contextos y cargados de espesor metafórico, se han convertido en parte del repertorio narrativo de muchos géneros cinematográficos, apuntan a la capacidad de síntesis del cine, a la posibilidad que en el cine se da de sobrentender, de elidir algunas partes y mostrar otras. Pensemos, por ejemplo, en cómo las técnicas cinematográficas de representación, entre las que se encuentran los distintos tipos de montaje, han sido determinantes para hacer de la temática del travestismo un subgénero cinematográfico ampliamente usado, que construye sus efectos, sea cómicos sea dramáticos, sobre la posibilidad del cine de extender el alcance del ojo humano, de atravesar los umbrales de lo lícito, de mostrar a la vez el dentro y el fuera de las cosas, la verdad y la apariencia, el rostro y la máscara, aparte de poder engañar a los espectadores y espectadoras, si es necesario, deformando y ofuscando las imágenes.

El vestuario más allá del texto fílmico

El cine ha desarrollado distintas estrategias para "enmarcar" el vestuario, para ponerlo de relieve, dotándolo de una dimensión que, aunque coherente con el texto, con la narración, asume una cierta autonomía, abriéndose a planos transtextuales de interpretación. A menudo, la puesta de relieve del vestuario está relacionada a su combinación con lugares y objetos que en el cine asumen de por sí un valor simbólico: puertas, ventanas, espejos, como marcos que reiteran la función de la cámara, asumiendo, como dice Metz (1991, p. 83), "poder de emisión", remitiendo al cine mismo, a sus técnicas y modos. Algunas de estas configuraciones dirigidas a poner el énfasis en el vestuario se han convertido en una especie de leitmotiv cinematográfico. Masson (1996) recuerda al respecto la entrada en escena de un personaje por una escalera encuadrada desde abajo como marco y estrategia ideal para focalizar la atención en el vestido, como modo de celebrarlo. Otro ejemplo de tema cinematográfico relacionado con la tematización del vestuario se encuentra, como sugiere de nuevo Masson, en el baile encuadrado desde arriba, configuración típica de las películas de época, una especie de pausa en el desarrollo de la trama y, a la vez, una ocasión de legitimación del vestuario, del que se evidencia la plasticidad en el movimiento rítmico del baile, en la sucesión simétrica de siluetas masculinas y femeninas, pensemos en la famosa escena del baile en *El gatopardo* (Visconti, 1963).

Pero además de crear situaciones codificadas de celebración del vestuario, de sus sensibles cualidades, el cine ha dado a gestos cotidianos relacionados con el vestir, vestirse precisamente y la operación opuesta, desnudarse, un tono ritual, ha transformado, como decía Barthes a propósito de la retórica de la moda, "usos en ritos" (1967b, p. 254). Si en la cotidianidad de las culturas occidentales actualmente esos momentos no tienen valor "mundano", pues forman parte de lo que Goffman (1959) llama *offstage*, refiriéndose a los lugares en los que nos preparamos para la socialización, los cuales adquieren en el cine, por el hecho mismo de realizarse y mostrarse, un estatus propio, se convierten en un rito que ha de realizarse según modelos y tiempos determinados. El vestirse, ponerse una prenda tras otra, se convierte en una versión secularizada de las ceremonias de tomar el hábito, incluso cuando no participa nadie más que el público. Aunque expresando, según el género cinematográfico, humores, ambientes, estados de ánimo del personaje funcionales a la narración, por ejemplo, la incertidumbre, la espera, la emoción, como sucede en le melodrama, el ritual del vestirse nos lleva con frecuencia a otro plano interpretativo: presentándose como un proceso gradual de construcción de sentido, evocan las operaciones de *offstage* preliminares a la aparición de los personajes y del cine mismo. El proceso de vestirse como operación de sentido tiene su contrario en la ritualización de desnudarse que, aunque asumiendo distintos significados según el contexto, se presenta también como una pérdida progresiva de caracteres distintivos, que se detiene antes de que sea demasiado tarde o acaba en el universal insignificante del cuerpo desnudo.

Pero la reflexividad no es el único nivel transtextual que el vestuario, o los rituales que pone en escena, activa. Sea en el plano de los contenidos sea en el plano de la expresión, el vestuario se relaciona de distintas maneras con otros textos, establece un diálogo con otras películas, nos remite a la historia del cine en general o permite que textos extracinematográficos pasen a formar parte del sentido fílmico a través de él.

Como marca visual, como elemento de identificación de un estilo o de un género, el vestuario puede actualizar, desvinculándose del texto, tal género o tal estilo en particular, puede aludir a los personajes que han contribuido a la formación de esos géneros o estilos. La alusión o la referencia implícita con frecuencia dejan paso a la cita explícita de determinado vestuario, sea como homenaje a un director, a un momento histórico del cine, o para crear efectos paródicos (cfr. Withalm, 1992), pensemos en las numerosas citas del vestido-icono de Marilyn Monroe. A menudo se tiene la impresión de que en el vestuario, en el modo de concebirlo y de usarlo, se inserten ejercicios de estilo y de memoria referidos no sólo al cine sino también a otros discursos culturales: arte, teatro, moda, etc. Pensemos en la forma especial de intertextualidad puesta en función por una serie de películas americanas de los años treinta y que consistía en interrumpir la narración con la puesta en escena de un desfile de moda, como sucede en *Mujeres* (Cukor, 1939).

En las distintas formas de intertextualidad, sean citas o alusiones, el vestuario exalta en cierto sentido su propia historia, su propia transformación gradual en lenguaje que utiliza, reelabora y extiende a otros contextos y mecanismos semióticos comunes a todas las formas de vestir, dotándolas de una carga metafórica que enriquece la cultura vestimentaria, recorriendo sus distintas etapas o conjugándola en futuro. Un lenguaje, pues, que es tal porque tiene una historia, como sugiere Lotman (1992, p. 14) a propósito de la diferencia entre códigos y lenguas, porque puede contar con la memoria de quien lo practica, de quien presenta una película y de quien la ve. De hecho, el sentido del vestuario nace sobre todo de la visión, de lo que los espectadores y espectadoras –aquellos que no se limitan a descodificar un texto sino que dialogan con él (Casetti, 1986)– añaden algo propio en el momento en que lo interpretan, de las distintas competencias que ponen en juego: no sólo, pues, de lo que el cine "llena", sino de los espacios que el cine deja abiertos a la interpretación.

Tilda Swinton, Orlando, 1993

II. Sensorialidad y visión en la moda y en el cine

Patrizia Calefato

Quizás no habría que desprestigiar la moda
tan apresuradamente.
Quizás habría que considerarla sin prejuicios,
como a cualquier otra industria,
por ejemplo el cine (...). ¿Quizás la moda
y el cine tienen algo en común?

Wim Wenders

Los signos visivos y la moda

Si en el cine la importancia central de los signos visivos es más que evidente, a pesar de que estos signos no agoten la complejidad de los lenguajes o, mejor dicho, no agoten la llamada "heterogeneidad del lenguaje cinematográfico" (Aumont *et al.*, 1994), en el sistema sígnico de la moda el estatus visual resulta complejo y está por investigar. Por eso, hablar de la relación entre la semiótica visual y la moda se presenta aparentemente desde el punto de vista epistemológico como una especie de desafío a la misma historia de la semiótica del siglo XX, y en especial a lo que corrientemente se entiende como el presunto proyecto barthesiano de un "sistema de la moda" concebido sobre todo cómo reducción del indumento a la palabra, como demostración del primado de la lingüística sobre la semiología, de lo verbal sobre lo no verbal. A casi medio siglo de la obra de Barthes, la semiótica, sin embargo, puede cabalmente reconocer como ha sido posible ir más allá de un proyecto de lectura del indumento entendido en los límites de la moda descrita, precisamente en la óptica de la lección de Barthes. Como escribe Gianfranco Marrone en su análisis sea del *Sistema de la moda* sea de algunos otros escritos de Barthes referidos al nexo entre lenguaje y vestido precedentes y sucesivos a este texto (Barthes, 1993-1995), la moda era para Barthes "un tipo de discurso en el que prácticas vestimentarias, representaciones estéticas y enunciaciones especializadas se entrelazan en una compleja forma *de vida*" (Marrone, 1998). Así como no es sólo palabra, la moda tampoco es sólo algo visivo, aunque su "garra" en el mundo pasa sobre todo por su dimensión visual. Dimensión que concierne sea a la semiótica del estilo, de las formas, de la materia de la que están hechas las prendas de moda, sea, sobre todo, a la función que la moda ha de realizar, la mediación entre el gusto y el sentido común, que pasa a través de una relación especial entre "signidad", sensorialidad y discurso social.

Para continuar este recorrido es importante referirnos a algunos conceptos. En primer lugar al de "cuerpo revestido" como categoría semiótica que condensa los modos en los que, a través de su aspecto visible, el sujeto realiza su estar en el mundo y su estilo de las apariencias (cfr. Calefato, 1986, 1992, 1996a). El vestir, en este sentido, es un lenguaje no verbal, entendido como mecanismo de modelación del mundo, como forma de planteamiento, de simulación, válida para la sociedad y para el individuo. En cuanto transformación, según un recorrido de sentido, la semiótica del cuerpo revestido enfatiza de distintas formas la relación entre signos y sentido. A través del revestimiento, el cuerpo parece "sentir" el mundo circunstante de manera cumplida y, a la vez, amplificada. Ese "mundo" puede considerarse desde dos perspectivas semióticas: o como un continuo, como materia amorfa, como "nube de Hamlet" (Hjelmslev, 1943), que un lenguaje –verbal o no– organiza según un sentido pertinente; o bien como lugar en el que ya tiene lugar una manifestación de lo sensible, susceptible de convertirse en manifestación de sentido humano (Greimas, 1970, p. 52). En ambas perspectivas, la relación entre el "mundo" y estos lenguajes se presenta según la imagen preferida de Lévi-Strauss del "bricolaje", el arte de relacionar entre sí objetos y signos sólo aparentemente privados de conexión recíproca, cuyas secuencias o colecciones se presentan, sin embargo, como un sistema homólogo respecto al llamado mundo "natural". Este arte productor de sentido realiza lo que, parafraseando a Greimas (1976), podríamos definir como un retículo de correlaciones entre distintos niveles de realidad significante, cada uno de ellos dotado de cualidades sensibles. El cuerpo revestido articula en lenguaje lo que el "mundo" aún no conoce, no siente, no posee, siguiendo la metáfora de la "nube de Hamlet"; o bien puede sentir, de manera quizá más tensa, más excitada, más "hip" –para usar una expresión frecuente en la jerga musical que va del jazz al rock– lo que ya el mundo siente, siguiendo en este caso la propuesta de Greimas de un mundo recorrido por una sensibilidad difusa, de una sensorialidad que a menudo es, sobre todo, "sinestesia", capacidad de los sentidos de interaccionar en conexión y con frecuencia también en sustitución recíproca.

En el ámbito de las sociedades tradicionales, vestirse, disfrazarse, tatuarse, arreglarse, "revestirse" el cuerpo en general, pertenece al campo del "vestuario". En el contexto de la reproducción social de la modernidad y, más aún, en el de la reproducción masiva propia de nuestra época, hablamos de "moda". La moda es un sistema de signos que actualmente se ha manifestado como sistema de comunicación de masas, como cotidianidad del revestirse, como forma de cultura popular, como mundanidad, como "*mass* moda" capaz de reproducirse e inventarse constantemente, incluso a través de la interacción con otros lenguajes. En este estatus, la moda se presenta como sistema que regula y produce constantemente formas de la percepción y del sentir corpóreo relacionadas con la necesidad de una aprobación social. Pero actualmente la aprobación social atañe sólo en parte a lo que para Simmel era la naturaleza a fin de cuentas "tranquilizadora" de la moda, en virtud de la cual adherirse a ella no comprometería el territorio del espíritu individual. En la medida en que el sistema sígnico de la moda cubre una complejidad de aspectos, sin excluir los de su reproducción en serie y masificada, la relación entre moda y sensorialidad se hace cada vez más profunda, pues la cuestión de "sentir" el mundo a través de la moda se convierte en fundamental para comprender la dimensión social de ésta y sus modalidades semióticas de producción y comunicación.

Los dos recorridos teóricos anteriormente indicados –aquél según el cual los distintos lenguajes humanos darían sentido a un mundo "mudo" y aquel otro según el cual los distintos lenguajes tendrían la prerrogativa de retomar cualidades sensibles de las que el mundo natural ya está permeado– en realidad se revelan paralelos e implicados mutuamente, aunque hasta ahora hayan estado separados académicamente. De hecho, si hay un sentido del mundo en el lenguaje de la moda, consiste en la posibilidad de dar la palabra a un mundo sensible, pero en gran parte mudo respecto a lo inaudito, a lo imprevisto, a lo no estereotipado. Un mundo en el que, como ya escribía Baudelaire, "unirse a la masa", máxima aspiración de su mundano "pintor de la vida moderna", es también comprender que la multitud es un "desierto de hombres".

Visión y escritura

Lotman escribió que la moda introduce "el principio dinámico en esferas de lo cotidiano aparentemente inmóviles" (1992, p. 103). Mientras que el vestuario tradicional tiende a mantener inalteradas en el tiempo tales esferas, la moda, sin embargo, introduce esas características antitéticas respecto a la cotidianidad con las que ella misma es normalmente definida: caprichosa, voluble, extraña, arbitraria, sin motivación. En este sentido, la moda pasa a formar parte de la imagen del "mundo al revés": una imagen que registra la constante tensión entre la tendencia a la estabilidad de lo cotidiano, por una parte, y la orientación opuesta hacia la novedad y la extravagancia, por otra. Entre vestuario y moda existe pues una diferencia estructural, relativa bien a la temporalidad –estabilidad e inmutabilidad en el caso del vestuario, "torbellino" en el caso de la moda– a la espacialidad, aunque sea una espacialidad metafórica –mundo "al derecho" *versus* mundo "al revés". La diferencia está relacionada directamente con la función social que los indumentos tienen: los trajes populares establecen una estrechísima relación entre el individuo y la comunidad a la que pertenece, mientras que la ropa a la moda es por estatus "cosmopolita", aunque pueda recoger estilísticamente inspiraciones "étnicas" o imágenes tradicionales.

Consideremos como ejemplo algunos aspectos relativos al significado social del color del vestido o traje. El color negro asociado al luto en el vestuario tradicional de algunas sociedades (para otras puede ser el blanco) tiene una función ritual, como diría Bogatyrëv (1937), y cumple la función de unir la vacuidad a la que ha transitado el cuerpo del difunto con la anulación de sentido en la que se encuentra la persona de luto. En virtud de funciones mágicas, sin embargo, el color negro está proscrito de la ropa de los bebés, preservándolos de imágenes relacionadas con la noche, con la muerte, con el "hombre negro"... El negro, en resumen, en el contexto de una concepción tradicional y simbólica del vestuario como uso, está ligado siempre a una función específica y resistente al tiempo, cuyo significado se inscribe en "lenguajes" que, aunque puedan ser distintos entre sí, se presentan como morfológicamente estables, pertenecientes, usando un concepto de Greimas, a un fenómeno mítico global introducido en un contexto de relativismo cultural (Greimas, 1976, pp. 174-175). Esto atañe sea a las modalidades de funcionamiento de las sociedades llamadas arcaicas sea a cuanto queda de la dimensión funcional del vestuario en ámbitos de reproducción social de tipo industrial y cultura de masas (pensemos en los vestidos de novia). En la moda, característica de la reproducción social de la modernidad y aún más de la reproducibilidad masiva propia de nuestra época, el significado social del color se diluye en una multiplicación de lenguajes que se convierten en discursos sociales (*ibídem*). Por ejemplo, respecto al negro, la moda lo tiene previsto para determinados contextos y discursos: desde los estilos de "tribus urbanas" punk y dark, a estrategias intersemióticas entre moda y cine (véase la función del traje negro en películas como *The blues brothers* u *Hombres de negro*), al "estilo de los estilistas" (Calabrese en Calefato, 1992) (véase el negro en Yohji Yamamoto, Versace o Dolce & Gabbana), al bricolaje fetichista, (cfr. Calefato, 1999). O bien, retomando el ejemplo del vestido de novia, su función ritual se somete a las variaciones de la moda, o bien se descontextualiza: el blanco se sustituye con colores y formas "provocadoras" (pensemos en el uso del rojo, aberturas, escotes, faldas cortísimas). Los objetos producidos por estos discursos, en nuestro caso los indumentos, no son pues sólo el producto de manifestaciones colectivas, como el mito en su acepción tradicional, sino que se convierten en signos de un estilo personal, por un lado, y objetos de consumo, por otro. En otras palabras, se convierten en mitos del sentido contemporáneo.

La colocación de la moda dentro de ese gran receptáculo dinámico que Lotman llama "esfera de lo imprevisible" y que con Greimas podremos llamar de la imperfección (Greimas, 1987), interpreta bien la función "inesperada" de interrupción del sentido común que la moda tiende a representar. Pero en cuanto sistema de imágenes, la moda se transmite a través de la serialización y del estereotipo, filtros en los que el sentido, los sentidos, se incrustan hasta hacer de la imagen un signo imperativo. El problema es comprender hasta qué punto lo visivo en la moda se reproduce en ese estetismo que Greimas define "simulacro de la existencia" (en Marrone, 1995, p. 52), es decir, hasta qué punto percibimos el cuerpo, su forma, su "belleza", a través de lo "ya visto", lo "ya sentido", y en qué medida la imagen de moda, mejor dicho, la complejidad no solo visiva del sistema de la moda, consigue poner en función una *eisthesis* entendida como transformación y ruptura del orden precedente, continuo exceso, estetismo como práctica social.

En esta última acepción, es decir, no en su versión solemne, institucional, tranquilizante y elitista, sino en una dimensión sentida, vivida, ritmada en contextos cotidianos llenos de tensión sensible, la moda intuye los momentos de cambio y condensa las transformaciones del gusto. Incluso la relación entre el gusto y el estilo se puede colocar en el ámbito de esa imagen invertida que Lotman capta y que Bachtin sintetizó en la imagen de la inversión semántica y carnavalesca del cuerpo grotesco, auténtico "sujeto" de esta modalidad de la moda. Grotesco es el cuerpo revestido, entendido como "travestismo" del cuerpo, como posibilidad de jugar entre ironía, armonía y disonancia, un cuerpo que se presenta como el nudo de una investigación estética desorientadora.

En este contexto, asume importancia fundamental el concepto de "escritura del cuerpo" que se realiza al vestirse, concepto desvinculado de su exclusiva dependencia de lo verbal. De hecho, se trata de una escritura entendida bien como disposición sintáctica no secuencial, no alfabética sino hipertextual, es decir, signos del cuerpo revestido considerados en conjunto, bien como auténtica sensualidad, relacionada con el gesto individual o social de vestirse y cubrir el cuerpo. La moda, como cualquier otro *medium*, sea éste nuevo o viejo, como cualquier otra forma visual, está investida por las prácticas sociales que las técnicas "de simulacro" de la creación, reproducción y ejecución estilística introducen en el ámbito de la producción de discursos de nuevas identidades. Así, en el escenario del sentir contemporáneo, escritura y simulacro (Talens, 1994) se cruzan, se encuentran y se inciden mutuamente: el imaginario del cuerpo revestido se produce a través de estrategias intertextuales que tienen como soportes distintos sistemas sígnicos y de comunicación, de la fotografía al periodismo especializado, la música, la cultura metropolitana, la informática, el diseño, los sistemas audiovisuales, el cine.

El cine, en especial, constituye actualmente uno de los universos más completos y polifónicos del imaginario social, y en relación con la moda tiene un papel incluso más relevante que la fotografía, precisamente por la capacidad que tiene de potenciar enormemente la sensibilidad humana a través de la complejidad de signos, de discursos y de formas de percepción que pone en acción. Moda y cine son dos "mecanismos" de producción de sentido, dos formas visuales, dos discursos sociales, relacionados con la forma, con el estilo y con la ejecución en lo que se refiere a su materia, y con el tiempo, el espacio, el cuerpo, por lo que respecta a sus contenidos, sus fruiciones, su "resistencia" como instituciones.

Imagen e identidad

Vamos a considerar ahora un texto fílmico como manifestación significativa y no convencional de la relación visión-escritura y de la posibilidad de mostrar los procesos simultáneos y sinestéticos de producción de sentido en la moda y en el cine. Se trata de la película de Wim Wenders *Notebooks on City and Clothes*[1] (1989), que podríamos definir como una entrevista poética al estilista japonés Yohji Yamamoto, que trata del proceso generativo doble y sinérgico entre el cine y la moda, entrelazados ambos en el escenario metropolitano.

La película de Wenders es de 1989: el final de los años ochenta representa el momento en el que en las artes reproducibles madura definitivamente la sustitución de la técnica de la representación por la de la simulación. A la relación binaria entre la "cosa" y el signo que la representa, por ejemplo entre el negativo de la película y la escena representada analógicamente, le sustituye la construcción "sintética" de la cosa, su creación directa a través de impulsos y unidades mínimas de información digitalizada. El tema central que abre la película es pues la relación entre imagen e identidad.

Al principio de la película pasa un texto que contiene algunas reflexiones de Wenders sobre el concepto de identidad:

Identidad (...).
Pero, ¿qué es la identidad?
¿Saber dónde está el propio lugar,
conocer el propio centro,
el propio valor?
¿Saber quién somos? (...)
Nos construimos una imagen de nosotros mismos,
y nos esforzamos por parecernos a esa imagen...
¿Es eso la identidad?
¿La correspondencia entre la imagen
que nos hemos construido y ...
sí, nosotros mismos?
¿Quién es "nosotros mismos"? (Wenders, 1992, pp. 73-74)

---

1 Apuntes sobre vestidos y ciudades

De la mirada alternada de una cámara y de una videocámara dirigidas a encuadrar sea un rincón de los pasillos transparentes del Centro Pompidou desde donde se dominan los techos de París, sea el Grande Arche desde la perspectiva del cementerio de Neuilly, y en el frecuente recurso a una determinada forma de montaje entre el digital y el analógico, por la que el rostro de Yamamoto aparece a menudo duplicado en un pequeño vídeo, Wenders emprende un viaje insólito e inesperado en la moda como forma contemporánea de cultura popular. Hay una frase "ingenua" que la voz en off del director pronuncia al principio: "Me interesa el mundo, no la moda", frase dicha quizás para autodefenderse del proyecto de película sobre la moda y las ciudades que le había encargado el Centro Pompidou. Con todo, en esa frase están contenidos implícitamente al menos tres proyectos: el de la película, el de la ciudad y el de la moda. Porque moda, mundo y metrópolis actualmente son una sola cosa, de la que es emblema, metáfora y linfa vital la imagen, especialmente la imagen electrónica, la imagen de la videocámara que Wenders reconoce como mucho más eficaz que la de su vieja *Eyemo* para grabar las ciudades, o mejor dicho, para hacer vivir la ciudad. El cine es la moda, la moda es la ciudad, la ciudad es el mundo.

Vivimos en ciudades,
las ciudades viven en nosotros...
el tiempo pasa.
Vamos de una ciudad a otra,
de un país a otro,
cambiamos de lengua,
cambiamos de costumbres,
cambiamos de opinión,
cambiamos de ropa (...). (*íb.*, p. 74)

De Baudelaire a Wenders pasando por París

La película se puede interpretar también como una revisitación baudelariana y benjaminiana de París, esta vez capital del siglo XXI, ciudad en la que, como en la París capital del siglo XX de Benjamin, la moda se convierte en una de las formas más visibles y profundamente sentidas de la cultura popular metropolitana. Ciudad-mundo, ciudad-moda, ciudad estructurada según un imaginario tecnológico y nostálgico a la vez, la metrópolis lleva en sí todo el presente, incluido el pasado que hay en el presente, como demuestran los encuadres, en los que se deleita el director, de los viejos puentes del Sena mezclados con las imágenes del París fin de milenio. Esta ciudad es también la condición de posibilidad de existencia de cualquier otra metrópolis, el ensayo general de esa ciudad planetaria, un poco París, un poco Tokio, un poco Berlín, que aparece en *Hasta el fin del mundo*, la película que Wenders rodó en 1991.

La moda pone el cuerpo en circulación y la ciudad es su escenario privilegiado, pues es aquí donde los *flâneurs* y las *flâneuses* de los signos se mueven en un continuo cambio de deseos, de identidades, de relaciones. Es la *mater-polis*, ciudad madre que acoge lo indiferenciado, lo anónimo, lo reproducible, la multiculturalidad y la identidad fragmentada, plúrima, disfrazada, regalando a la vez la ilusión de la completa originalidad, de la "exclusividad" de cada gesto exhibido, de cada actitud tomada, de cualquier ropa puesta.

A Yamamoto y a Wenders les gusta la confusión de la ciudad; ambos entienden que la identidad urbana actualmente es un problema de imagen, un problema de identidad entre la multitud. La identidad metropolitana es un "ser para los otros" y las dos voces que dialogan en la película, el director y el estilista, concuerdan perfecta y pasionalmente en ello, incluido el sentido, que tan bien captó Benjamin, más relacionado con el fetichismo de las formas de representación de los cuerpos. Artífices de dos procesos creativos, el fílmico y el vestimentario, el director y el estilista tratan de buscar en sus prácticas una coexistencia entre invención y memoria, incluso en la forma posible del contraste, del quiasmo entre estas dos tensiones. Yamamoto hojea, mientras habla, un libro de antiguos retratos fotográficos de Auguste Sander, rostros de hombres y mujeres con sus ropas de trabajo, cuerpos reconocibles en sus roles sociales por la ropa, realizada en función del trabajo, de una división temporal del día y de la vida. La metrópolis quita a la ropa esa funcionalidad, en teoría muy cerca de una forma pura, esencial; la metrópolis quita a los cuerpos la posibilidad de ser reconocidos. Sin nostalgias, profundamente "dentro" de la cultura contemporánea, pero con el conocimiento maduro de una memoria que viene de lejos, el estilista dirige su trabajo precisamente a encontrar esa esencia, esa forma.

El alfiletero

"Encontrar la esencia de la cosa en el proceso de su fabricación", esta frase de Yamamoto remite a la profundidad de su investigación sobre una identidad sensorial del cuerpo y de la forma a través del proceso de producción, de elaboración, incluso manual, de un vestido. Wenders comenta que empezó a sentir curiosidad por la moda de Yamamoto observando el efecto de su ropa en Solveig Dommartin: "Vestida así me parecía transformada cada vez, como si aquellos vestidos recortaran sobre su cuerpo un nuevo papel" (Wenders, 1992, p. 77). La curiosidad del director trata entonces de descubrir la relación entre Yohji y las mujeres.

En la película pasan las imágenes del estilista realizando un vestido a medida sobre el cuerpo de una modelo "occidental". Es como si el estilista "escribiera" sobre la mujer, cortando, alejando y acercando la mirada, midiendo. Durante esa operación, Yamamoto lleva en la muñeca, como si fuera un reloj, su alfiletero de tela almohadillada, usando todos esos alfileres durante la "prueba" del vestido, que es continuamente manipulado, cortado, rasgado, plegado, y nuevamente sujetado con alfileres sobre la modelo. En un libro de fotos antiguas aparece la de una japonesa en kimono. Como en la toma de hábitos ritual antigua, en la que la mujer reviste su cuerpo con el kimono y se lo anuda a la cintura con el *obi*, la "prueba" a medida es un modo de buscar el gesto puro del vestir y del vestido como esencia, como forma absoluta de ese gesto.

Yamamoto no es ni quiere que se le defina "un estilista japonés", como parte de una clase, de un conjunto de elementos. No obstante, él es Japón en Europa y fuera de Europa, Japón como "país de la escritura", según la definición de Roland Barthes. Los vestidos de Yamamoto son formas puras, y no porque sean "formales", sino más bien porque, como el *haiku* japonés, son "un evento breve que de golpe encuentra su forma exacta" (Barthes, 1970a, p. 88). Por eso, la elección del color hacia la que se orienta mayormente es la del negro: el negro exhibe esencialmente el cuerpo como silueta que podemos interpretar, de nuevo con la ayuda de Barthes, como "símbolo y signo, fetiche y mensaje" (Barthes, 1982, p. 114). Sus formas son categóricamente asimétricas. La simetría, de hecho, dice Yamamoto: "No es humana". Como no son humanos esos zapatos de punta y tacón de aguja que tanto llevan las mujeres occidentales y que el estilista elimina de sus trajes femeninos, adoptando para estos zapatos sin tacón, esenciales, silenciosos, llanos. No humana, la simetría...: el "toque", como lo llama Yamamoto, es lo primero, realiza una idea del presente como tensión que no busca la armonía, busca la imperfección, el detalle impactante, lo que no está en su lugar y precisamente por eso enriquece el sentido. Y, de todas formas, nosotros sabemos que ése es su lugar en un orden distinto. La mirada sabe donde buscar, los ojos quieren tocar, amplificar los sentidos en esa especial forma de creatividad que es la investigación, el proceso mismo de la creación en el que se consigue expresar lo sensible.

Mirando una foto de Sartre de Cartier Bresson, el estilista se queda sorprendido por un detalle de la ropa, aparentemente insignificante, pero que sirve para condensar el sentido, un *punctum* lo llamaría Barthes: el cuello del abrigo. Ese cuello le hace comprender en su simplicidad que aquel abrigo era para Sartre un amigo: la moda, sobre todo la de hombre, de Yamamoto busca una simplicidad parecida a la del abrigo de Sartre, una sencillez en la que el tejido y la forma hablen dos lenguas que dialogan entre sí.

La sencillez es la búsqueda de un proceso creativo orientado hacia la producción de cosas auténticas, esenciales: sillas, camisas, abrigos... El "verdadero" vestuario, las cosas simples, están relacionadas con la vida, el consumo, sin embargo, es todo lo contrario, dice Yamamoto. Comenta Wenders:

> Después de un tiempo, creí haber descubierto una paradoja en el trabajo de Yohji:
> lo que producía era necesariamente caduco,
> esclavo del consumo inmediato y ávido
> que la moda impone como regla del juego.
> Lo que cuenta es sólo el *aquí y ahora*, nunca un ayer.
> Sin embargo, Yohji se inspiraba en fotos de un pasado,
> en la ropa de trabajo de una época
> que vivía con otro ritmo,
> y que en el trabajo encontraba otra dignidad.
> Por eso, me parecía que Yohji se expresaba a la vez
> en dos lenguas, como si tocara dos instrumentos
> a la vez:
> lo caduco y lo duradero,
> lo fugaz y lo constante,
> lo cambiante y lo estable. (Wenders, 1992, pp. 77-78)

La moda permite mostrar una especie de traducción intersemiótica entre tiempos diferentes, mostrar dos tiempos, "dos lenguas" como las llama Wenders, a través de una técnica que comparte con el cine. El sex-appeal de la mercancía que la moda, como decía Benjamin, exhibe, encuentra pues en el proyecto de Yamamoto su cambio carnavalesco, ya que la moda, en ese proyecto, en cierto sentido tiene que "llevar a casa", encontrar –como en el abrigo de Sartre– un amigo de familia. En resumen, la moda ha de sustituir el *unheimlich* con el *heimlich*, siguiendo el recorrido perverso de ese mecanismo identificado por Freud en base al cual en realidad son precisamente las cosas más familiares las que "nos extrañan", nos perturban, y viceversa, nuestra "casa" se encuentra, hoy sobre todo, precisamente dentro de ese extrañamiento. El trabajo del estilista consiste entonces en representar el tiempo: "*You design time*", dice Yamamoto. Su trabajo, como el del director de cine, compite con la consunción, con el desgaste. Incluir al máximo las tensiones humanas hacia el pasado dentro del presente: éste podría ser el proyecto conjunto de cine y moda.

Las manos, el nombre, el desfile

Wenders se entretiene mucho enfocando las manos del estilista y de sus colaboradores mientras trabajan en sus proyectos de moda, manos trabajando que el ojo electrónico multiplica en sus infinitos y únicos movimientos, actitudes, dudas. Las manos son "operadoras", elaboran productos, artefactos, y su "forma de trabajar" construye una isotopía homóloga respecto a la "manipulación" del ojo: una vez más moda y cine son intrínsecamente parecidos en activar procesos generativos sinestésicos. El director pone en evidencia tales procesos, por ejemplo, cuando hace aparecer la imagen en dos "pantallas" a la vez, la tradicional del cine y la digital de un vídeo en miniatura, "prodigio japonés", signo de seducción liliputiense del mundo y a la vez nuevo *panopticon* de este mundo. En eso, la "escritura fílmica" asume visiblemente una dimensión hipertextual y no lineal: el vídeo, de hecho, abre como una "ventana" dentro de la pantalla y remite a una especie de *link* en el tiempo narrado.

La relación entre manualidad artística y escritura, esta vez referida propiamente a escritura alfabética, es más evidente que nunca en las tomas de los repetidos intentos que hace Yamamoto para poner su firma sobre el letrero de su nueva tienda de Tokio. No una copia, sino la firma del autor, la metonimia entre el cuerpo del estilista y su trabajo regula esta "prueba" continua, hasta su feliz realización. El nombre propio, la marca, la firma de moda, son elementos del lenguaje capaces de contar historias, de inventar mundos, de producir signos que van más allá del universo de las palabras. En el nombre, o mejor, en la firma del estilista, se condensan todos los componentes grafológicos de la escritura, que se mueven entre la investigación de una correspondencia entre la firma y la mano, es decir, la búsqueda de la identidad, por un lado, y la transformación del indumento en signo puro, por otro.

Momento final del trabajo en el que y por el que han trabajado las manos del estilista es el desfile. En realidad, no se trata de una finalidad concebida según una temporalidad secuencial, ni el desfile representa el "final feliz" de la película según un proceso narrativo clásico. Del mismo modo que la película muestra incluso sus procesos técnicos de elaboración (por ejemplo, las reflexiones del director sobre el uso de la cámara o la videocámara), y no se entiende como un resultado final definitivo sino que cada vez se replantea de nuevo, de la misma forma el desfile de los modelos de Yamamoto, presentado ante la pirámide del Louvre, se presenta y representa a través de las pruebas de escena, de los preparativos, e incluso la "redacción final" (dicho metafóricamente, como si se tratara de un libro) viene vista al bies, oblicuamente, esta vez también a través de "ventanas" visuales simultáneas.

El desfile de Wenders-Yamamoto no se nos presenta como los que vemos en televisión, esas pasarelas patinadas de las que se nutre y entretiene hoy la industria del espectáculo, incluso de las más triviales y comerciales, que parecen "transcripciones" seriales de cuerpos y vestidos todos iguales. El desfile se nos muestra como mecanismo de representación de la moda, como escritura, como texto pensado y repensado en los mínimos detalles, como *backstage*, en el que ha trabajado todo un equipo de manipuladores de formas que, dice Wenders, tiene todas las características del monasterio, del convento. Desfilar en la pasarela es como desfilar por la calle: es como cuando por la acera de una gran ciudad tratamos de focalizar un cuerpo, un rostro, un vestido, una silueta, a través de las mil formas de la multitud que tenemos delante. "Todo es copia", había dicho Wenders al principio de la película. Pasarela y acera tienen cuerpos de tránsito, replicantes quizás, en un mundo de estereotipos, pero que se ofrecen a una lectura semiótica del estilo entendido como transformación del estereotipo hasta su posible explosión, como excedencia respecto al "mundo" en cuanto ya dado, aunque profundamente "dentro" del mundo.

Vi al grupo que tenía delante de mí como si fuera una *troupe* cinematográfica;
y Yohji en medio de los suyos
era el director trabajando en una película
sin fin. (Wenders, 1992, p. 83)

Los sentidos y lo mítico

Hay una mirada directa, fija, que remite a la identidad y al orden del discurso, que fija imperiosa y a través de la cual "se dicen las cosas en la cara": es una mirada que, como dice Lacan, detiene y quita la vida, es el mal de ojo. Hay también una mirada "distraída", indirecta y móvil, que aproxima las cosas en el espacio y en el tiempo, pero que consigue también hacerlas simultáneamente más lejanas y desenfocadas y valorizar lo insignificante. La fotografía y el cine hacen posible, como ha demostrado Benjamin, esa movilidad y esa "distracción" de la mirada: la fotografía porque contiene en sí todo lo real, no regala a la mirada el privilegio de la selección ni de la jerarquía en la representación, y porque en ella automatismo y memoria están indisolublemente ligados. El cine porque instaura, en su misma forma técnica, un movimiento de la mirada en busca de otra cosa, aunque eso otro sea una representación más "realista" y documental de la realidad. En ese aspecto del movimiento, el cine se encuentra próximo a la moda, siendo ella también arte del movimiento. Como escribe Wenders:

No hay sólo una moda del vestir.
Hay también una moda de los edificios, de los coches,
de la música rock, de los relojes, de los libros, de las películas…
La moda es siempre movimiento,
y en eso consiste su función. (*Ib.* p. 82)

Precisamente porque el cine (como la moda) "moviliza" la mirada invitándola a metamorfosis siempre posibles, en el cine es posible "contar" esas metamorfosis: el cine puede contarse de alguna manera a sí mismo y ostentar, junto a sus significados, también los procedimientos culturales, a veces incluso técnicos, que generan el sentido. Sucede pues que la vista encuentra otros sentidos y el placer del film puede ser un placer sinestético, en el que los papeles de los sentidos se confunden y en el que somos iniciados, como espectadores, a un placer visual al que no estamos acostumbrados, pues está basado en una valorización de los sentidos en recíproca "contaminación". En nuestra percepción más elemental, los sentidos no deberían estar sujetos a una jerarquía: sin embargo el primado de lo visible como primado de la mirada directa y fija, lo que Lacan llama mal de ojo, se ha constituido en nuestro mundo como modalidad hegemónica de la vista que nos ha hecho olvidar todo lo accesorio, todas las sinestesias y las distracciones del visible más "obsceno".

Las preguntas que Wenders plantea en su película sobre la moda se refieren directamente al problema de la visión como representación, es decir, como copia a través de la cual las imágenes "piensan" por nosotros, a través de la cual se construye, al contrario de lo que decía Benjamin, ese aura sagrada de la obra serial y de masa que acompaña a la mitología contemporánea. La moda también tiene ese tipo de aura, lo que hace difícil y embarazoso hablar de ella como mito a secas, aunque cuando en el lenguaje cotidiano nos referimos al mito o a lo mítico sean precisamente el discurso de la moda y del cine los que se nos presentan como los más naturalmente expuestos a este tipo de definición. El *star system* cinematográfico tiene como correspondencia el mundo de las top-model; moda y cine están relacionados con un sistema de objetos –que sean de culto o de consumo poco importa y hay poca diferencia– con los que el cuerpo se reviste de forma real o imaginaria. Pensemos en los *gadgets* ligados a cada producción Disney, en las camisetas con frases de películas famosas (de *Casablanca* a *Querido diario*), a los objetos tecnológicos y a los prototipos a través de los que el cine parece casi proyectar el futuro. Y el aura mítica en ciertas circunstancias parece envolver de modo ejemplar al cine, a la moda y a lo que sólo impropiamente podemos definir "realidad". Una de estas circunstancias es la muerte: los mitos de héroes de películas arrebatados precozmente a la vida, desde James Dean a Brandon Lee, se replican, aunque de forma más sofisticada y solemne, en el mito de Gianni Versace o de Moschino, cuya memoria casi se "santifica", sea en el justificado reconocimiento de la calidad artística de la obra (como en el caso de Versace), sea en la supervivencia del nombre en iniciativas humanitarias (como en el caso del compromiso de la empresa Moschino contra el SIDA).

En realidad, sea a propósito de la moda sea a propósito del cine, más que de un mito como sistema cerrado, nos encontramos con "lo mítico" presente en los distintos discursos sociales en los que ambos sistemas se articulan, con abundantes prácticas intersemióticas, en base a las cuales la imagen se mide directamente con la corporeidad, siendo "presentación" más que "representación", es decir, un modo a través del cual el cuerpo se presenta al mundo como materia elaborada, estilo, forma, representación productiva de significado, signo, texto u objeto expuesto a inesperadas formas de alteridad, en vez de cerrazón replicante en la forma de lo idéntico. La diferencia entre "presentación" y "representación" se relaciona directamente con el problema filosófico de presentarse el signo en la comunicación como alteridad, prescindiendo de cualquier investigación sobre la "verdad" de la representación (Ponzio, 1997, pp. 179-180).

Idiolectos

La construcción del significado social del vestido pasa hoy a través de una difusa intersemioticidad que permite el montaje y el remontaje de estilos y gustos, una especie de navegación entre los signos en la que es posible elegir entre sentido de pertenencia y travestismo.

Por ejemplo, la relación entre la indumentaria y el deporte expresa actualmente mucho más que el simple uso funcional del objeto en determinados contextos, mucho más que la simple ley del cambio de moda en la ropa deportiva propiamente dicho: la relación es de recíproca contaminación, como lo demuestra el uso difundido de zapatillas de deporte, bodys de gimnasia, chándales, etc., en contextos ajenos a cualquier referencia deportiva o atlética. Muchas de esas prendas, además, véase el caso de las zapatillas Nike, y como consecuencia de todos los objetos etiquetados con el célebre "bigote", se convierten, sobre todo entre algunos grupos generacionales, como los adolescentes, en emblemas de un estilo de vida; o también, desde otro punto de vista, signos que permiten la irrupción simbólica del tiempo libre en la cotidianidad y en situaciones laborales, a fin de cuentas una especie de travestismo carnavalesco. En la película *La alegría está en el campo* (Chatiliez, 1995), por ejemplo, el ponerse un par de zapatillas de gimnasia Nike marca y condensa el cambio de identidad del protagonista, la transformación de su vida y de todo lo que la rodea de pesada en "ligera".

El deseo de un determinado indumento que hace de puente hacia un cierto estilo de vida puede explicitarse a través de un continuo mecanismo de espera, simple o fiduciaria, como la llama Greimas (1983, pp. 219-223). Básico, en este mecanismo, es el hecho de que la inversión pasional está relacionada con formas de la sensorialidad en distintas dimensiones, es decir, enraizada en distintos discursos sociales. En

1 La célebre "pipa".

su reflexión sobre *La mitologia oggi*, escrita quince años después de *Miti d'oggi*, Barthes intuye claramente esa naturaleza multidimensional y pluridiscursiva del mito contemporáneo y, tratando de huir de la nueva catequesis de la barata desmitificación que había difundido el clima post-sesenta y ocho, construía bajo la figura del "idiolecto" una especie de zona ambiental de reproducción del mito y de resistencia al mismo. El sistema sígnico, discursivo, transtextual de la moda se articula hoy día precisamente en lo que Barthes llamaba "idiolectos", espacios dentro de los que el sujeto social vincula su identidad a imágenes y objetos que hacen circular el cuerpo en sociedad teniendo la firme impresión de absoluta unicidad, exclusividad, originalidad de cada signo exhibido, de cada vestido puesto. Se establece así una estrecha conexión entre el modo en que el sujeto imagina y comunica sus estilos (de vida, de vestir, de pensamiento) y la percepción de su identidad social, en todas sus formas múltiples y negociables.

Es pues interesante dirigir nuestra atención a los aspectos del sistema que presentan valores más insólitos, excedencias inesperadas. Y esto, no por una ideología de la "resistencia simbólica" al mito o al consumo, sino por la búsqueda de una posible tensión siempre inestable entre la lógica de la reproducción social y de su recepción y reelaboración estética y sensorial por parte de los sujetos sociales. A la perenne repoductividad, se añaden prácticas vestimentarias que parecen evocar las reinvenciones cotidianas del consumo de las que habla Michel de Certeau (1980) y que implican directamente formas no convencionales de sensorialidad.

Una de ellas es el *vintage*, vestir ropa usada, practicado hoy día, sobre todo, en virtud de un estilo comunicativo que hace explícita la sensualidad de vestir ropa usada, ropa que vive y hace revivir historias tanto más nuestras cuanto más han sido de otros. En la novela *El amante* (1984), Marguerite Duras habla del placer narcisista que siente la protagonista al ponerse un viejo vestido de seda lisa y gastada de su madre. La composición de "prendas" usadas se hace estilo de las apariencias, paradójicamente en sintonía con una nueva ética del ahorro, pero sin negar lo excéntrico, y que a la ropa usada trata de quitar lo "ya visto". En este caso se invierte el tradicional mecanismo de la moda en base al cual el desgaste semiótico es más importante que el físico y define los ritmos del consumo. La ropa de segunda mano, muchas veces de marca, entra en los circuitos de producción, intercambio y consumo comunicativo en los que se erigen auténticos y verdaderos "templos": desde los mercados metropolitanos a lugares como, en Italia, el *Vintage Palace* de Lugo di Romagna, que se ha convertido incluso en un lugar de cultura, con salas de exposiciones, archivo histórico del vestido frecuentado por estilistas y estudiosos, y un emporio de signos vestimentarios puesto a disposición del cine.

Un aspecto ulterior de esa forma de sensorialidad que se transforma en modalidad de reproducción social está representado por el revival, una estrategia que ha caracterizado siempre los ciclos de la moda. Máximo del ahorro, según Simmel, irónico eterno retorno, parodia del tiempo cíclico, que juega entre parsimonia y exceso, repetición y derroche. La repetición del revival de moda es la caricatura de la acumulación, burlarse del tiempo lineal, y se manifiesta actualmente en la descontextualización fragmentada, sincopada casi, como en una interpretación de jazz, de signos del pasado reelaborados o presentados tal cual en el presente. En ese movimiento hacia atrás del tiempo, que es una ley clásica de la moda, hay, sin embargo, una especie de principio ético que afecta a los sujetos sociales más que las leyes vestimentarias y de estilo. Mirar el pasado vistiéndose de pasado, de hecho, es siempre menos una cuestión "de moda", en el sentido institucional del término, y más una cuestión de compartir ampliamente, no sólo de manera exterior, una experiencia, como lo demuestra tanto la historia de los estilos urbanos "de calle" tanto, sobre todo, la actual práctica social del bricolaje de viejo y nuevo, de temporadas y modelos distintos que se sobreponen. Moda y cine muestran hoy día una sensibilidad especial, aunque también la música y el diseño, por el pasado reciente (de hace veinticinco o treinta años) reinterpretado con las tecnologías actuales junto a la irrupción de afectaciones diletantes, como el gusto, entre el demodé y el fetichismo, por comprar, tener y escuchar un disco de vinilo. En el cine, el ejemplo de Quentin Tarantino, que en *Jackie Brown* (1997) retoma y contextualiza sea el género del "*black movie*" de serie B de los años sesenta sea el cuerpo y la performance física de una actriz de aquel periodo como Pam Grier, puede dar una idea de esta tendencia.

Otra figura es la del quiasmo, que se realiza cuando el cuerpo se convierte en soporte de una tensión estilística o formal, por ejemplo entre naturaleza y artificio (como el estilo punk) entre masculino y femenino –véase toda la problemática vinculada a las modalidades estéticas *camp* (Colaizzi, pp. 85-101)–, entre distintos estilos en contraste. De nuevo, en la novela de Duras, la protagonista lleva un sombrero de hombre ancho sobre un cuerpo adolescente de "ingrata delgadez" y el sombrero condensa, en cuanto nota insólita, inaudita, podríamos decir "imperfecta", su completa transformación, su "sentirse otra". El cambio de inversión sensorial en un objeto, como en este caso, puede estar relacionado más que con la identificación acrítica y estereotipada en el objeto-mito, la investigación en vez de ese momento estético "en equilibrio" del que habla Greimas, no frecuente, experimental, "sentido" (naturalmente siempre "arriesgado"). Greimas evoca la imagen de la metonimia y del fragmento como productora de *eisthesis*, como cuando dice, por ejemplo, de la línea curva generada por el modo en el que una mujer se acerca a un escaparate se llega a construir una totalidad corpórea o conceptos elaborados como la elegancia o la simplicidad (Greimas en Marrone,

1995, p. 53), La escritura sobre el cuerpo es metonímica, contiene un estatuto del signo que consigue satisfacer el deseo "visionario" de mostrar el sentido antes de que se transforme en estereotipo.

La oposición, el equilibrio entre dos extremos, la nota insólita, inaudita, son todos elementos que producen una forma especial de placer estético, que no está necesariamente relacionada con lo "bello", pero que hace del cuerpo un lugar de "paso", de transformaciones. Wenders, en su película sobre Yamamoto, habla de su primer encuentro –en el que llevaba ropa firmada por el estilista– como de una especie de "encuentro con la identidad":

Me había comprado una chaqueta y una camisa.
Conocéis la sensación que siente quien estrena ropa:
nos miramos al espejo, contentos,
un poco excitados en la nueva piel.
Pero con aquella chaqueta y aquella camisa puestas era distinto,
se trataba de dos prendas nuevas y viejas al mismo tiempo.
En el espejo era yo, no había duda,
sólo que era más yo que antes.
Sentía una extraña sensación: sentía...
sí, no encuentro otras palabras, yo llevaba
la camisa por excelencia
y la chaqueta perfecta,
y bajo ellas era yo mismo,
me sentía protegido como un caballero en su armadura. (Wenders, 1992, pp. 75-76)

La emoción de vestir como emoción dada por el tiempo que escribe en el cuerpo su identidad... La dimensión sensorial se transforma aquí en dimensión política: percibir, comunicar, vestir, pueden ser formas a través de las que se resiste al sentido común, y tienden al mismo tiempo a incluir el sentimiento. Y esto es probablemente un modo para "utilizar" también el fetichismo, el poder vivo de los objetos que nos rodean, sintiendo su sensorialidad, pero rechazando el totalitarismo.

III. Estrategias irónicas del vestuario en la escritura fílmica de Jane Campion

Diana Celeste

Cuerpo revestido y vestuario escénico

La cinematografía y la ropa coinciden en tener como referencia un sentido fundamental: la vista. La superficie de la película y la del cuerpo ponen en juego una gramática de la mirada que revela los cambios y la sucesión de las máscaras. En el cine, como en la actuación teatral, interpretar un personaje significa ante todo ponerse literalmente en su lugar. De hecho, desde siempre, el vestuario es un signo, pues desempeña la función social de indicar la edad, el sexo, el papel, la profesión, etc. En la ficción escénica y fílmica, las funciones del vestuario se enfatizan para convertirse en el vehículo inmediato de la información relativa al carácter de los personajes.

El vestuario, pues, en estos contextos, se transforma siempre en vestuario escénico que enmascara el cuerpo del actor real para favorecer el paso al imaginario o la referencia al mito.

Calefato ha introducido el concepto de "cuerpo revestido" (Calefato, 1986 y 1996a) entendido como modo de situarse en el mundo del sujeto humano y de entablar relación con otros cuerpos a través de su apariencia sensible y estética.

Al estaticismo de la ropa tradicional, se contrapone en la vida cotidiana la inestabilidad y la ambigüedad de la ropa "de moda", que, sobre todo en lo que se refiere a algunas pasarelas de alta moda, parece producir cuerpos *gender-fluid* y *transgender* que subvierten las reglas vestimentarias y, en particular, las relativas al género sexual. De todas formas, sea la ropa tradicional que la de moda se basan en dos principios contrapuestos: la obligatoriedad y la ausencia de motivación (Calefato, 1986, p. 8). Las reglas que sostienen las funciones sociales del vestir se fundan en un plano de arbitrariedad que liga significante y significado. Y es precisamente por estos dos principios por los que el "cuerpo revestido" puede ser escritura: proceso de significación que expone sus leyes consiguiendo a la vez tomar distancias a través de la exageración, el hibridismo o la constante volubilidad, desembocando en un efecto de ironía y parodia de sí mismo.

La ropa, pues, pone al cuerpo en relación con otros cuerpos y, además, los textos icónicos elaborados a través de sus signos visuales entran en la red de otros discursos heterogéneos, como los de la literatura y el arte (*ib*., p. 9).

Entre los "discursos" con los que el cuerpo revestido está interrelacionado, el cine parece tener un puesto privilegiado, dado que, al poner en escena la corporeidad mediante sus signos más superficiales, la reinterpreta, la construye y la deconstruye en la interpretación de las leyes vestimentarias; la complejidad de las técnicas y de los lenguajes implicados en el cine hacen que la imagen estática del cuerpo asuma una valencia hipersemántica y que al mismo tiempo se abra a la suspensión del significado en el proceso interpretativo en el que cooperan distintos códigos y discursos bajo forma de intercambio dialógico, sea con el mismo cine sea con el espectador.

Con De Laurentis podemos afirmar que:

> El cine con sus convenciones formales y de género altamente elaboradas –convenciones visivas, narrativas, acústicas, temáticas, etc.– es uno de los mecanismos más eficaces para la producción del imaginario social, de formas públicas de fantasía, y también para la estructuración del deseo de los espectadores a través de la representación. (1991, p. 9)

En sus películas, Jane Campion utiliza las técnicas cinematográficas de tal manera que desvela e invierte los lugares y modos en los que los signos (encuadres, planos, montaje, sonido, escena, vestuario, etc.) reproducen el sentido común y el estereotipo, sobre todo en relación a la representación del deseo erótico en torno a la figura de la mujer.

En *El piano* (1992), por ejemplo, los signos exteriores del cuerpo de los personajes (vestidos, tatuajes, secreciones) hablan de la relación que instauran con el mundo y con los demás, se elevan a "escritura" en sentido amplio, a incisión de la materia corpórea que nos muestra los síntomas del proceso de investigación de un deseo autónomo, de un modo autónomo de interpretarse. Además, las transgresiones de los vestidos de Ada (Holly Hunter) son un medio metacinematográfico que trata de evidenciar, desenmascarando construcciones y códigos, el papel de la mirada en la reproducción de los clichés y de los estereotipos de la diferencia de género y de la sexualidad que giran alrededor del deseo voyeurista y de la escoptofilia: de éstos últimos, el cine parece nutrirse y ser fautor (cfr. Metz, 1997b).

El vestuario está hábilmente orquestado en un plano horizontal, siguiendo la historia de Ada, y en un plano vertical, es decir, a nivel de significante, con las técnicas de filmación y de construcción del montaje dentro de cada encuadre.

Hay escenas en las que el vestuario victoriano, reconstruido en detalle, se compara directamente, en una única visión, con el vestir híbrido y la superficie tatuada de los maoríes, los nativos de la isla, obteniendo como efecto un descenso paródico y una inversión de la jerarquía de los valores imperantes. En otras escenas, que parecen evocar un cierto cine dominante en el que el vestuario femenino asume un poder erótico y fetichista, la ironía, al límite de lo grotesco, surge del hecho de que la distancia y la mirada que presupone el fetichismo son evidenciadas y subvertidas a la vez por la técnica de filmación, que subraya la prioridad del tacto, mima el contacto de los cuerpos en la pasión amorosa.

En *Retrato de una dama* (1996), a pesar del predominio de la rigidez y del estatismo del vestuario tradicional de la época victoriana con una específica función identificadora dirigida a definir la identidad social y sexual de los personajes, aparte de su colocación temporal y espacial, la sensibilidad de Campion en relación con la apariencia estética emerge en las escenas en las que el vestuario se convierte en protagonista, separándose del cuerpo y convirtiéndose en un elemento postizo y claustrofóbico, casi castrante.

Miriñaques y sombreros

La capacidad creativa y comunicativa que alcanza Ada en *El piano* es evidente desde las primeras escenas, en las que un miriñaque es puesto "pornográficamente" en evidencia para repararse de los vientos nocturnos de la isla. Iluminado su interior por una vela, la tela produce hacia el exterior un juego de luces y sombras. Así, la protagonista aparece inmediatamente caracterizada por la capacidad de explicitar lo implícito a través de su enfatización y visualización: mostrando el miriñaque, hace explícitas las implicaciones sexuales que subyacen en las relaciones sociales entre los dos sexos y, especialmente, el acercamiento del hombre a la mujer; visualiza y concretiza la abstracción de la mujer con falda en objeto del deseo masculino y, al mismo tiempo, la desaparición de la persona real: "*From outside it is an odd shadow-play*" (Campion, 1993a, p. 17)

La moda actual, sea la de la calle sea la que nos viene presentada en los desfiles, nos ha acostumbrado a las transparencias y a la visibilidad intencionalmente exhibida de los indumentos íntimos, que generalmente permanecen ocultos: el juego seductivo de ver y no ver se transforma en el juego de la exageración de la visibilidad de esos indumentos que son frecuentemente objetos de fetichismo porque se cargan, en los discursos que construyen la representación del género y en el imaginario masculino, de poder erótico. Ada invierte la función de cubrir del enésimo estrato de la combinación y, rozando lo grotesco, pone en evidencia el sentido postizo, arbitrario y enmascarador de aquella *hooped petticoat* a la que parece querer dar una función paradójicamente más adecuada.

Esa imagen podríamos enlazarla también a la lectura que Irigaray (1984) propone de la concepción espacio-tiempo y "del vivir los lugares y las envolturas de la identidad". La idea del miriñaque adaptado como refugio podría significar la construcción de un lugar en el que la figura femenina vuelve a encontrarse consigo misma, es la creación de lo que le falta: un envoltorio propio, dado que su cuerpo es el ámbito en el que el hombre celebra el descubrimiento de su demora originaria.

> Si la mujer representa tradicionalmente y en cuanto madre el lugar para el hombre, el límite significa que ella se convierte en cosa, con posibles mutaciones de una época histórica a otra. Sus límites son de cosa. Pero el materno-femenino sirve también de envoltorio con el que el hombre limita sus cosas. *(Ibi., p. 14)*

La creación de un espacio propio, en el que sentirse segura, reivindica la apropiación del lugar materno en el que cada mujer, así como cada hombre, ha demorado. Volver a apropiarse de ese espacio es pues necesario para volver a apropiarse del propio cuerpo como envoltorio de sí misma.

> Ella es o se convierte continuamente en lugar para el otro, que no puede separarse. Amenazadora, sin saberlo ni quererlo, por lo que le falta: un lugar "propio". Tendría que envolverse en sí misma, y dos veces por lo menos: en cuanto mujer y en cuanto madre. (...) Mientras tanto, ese problema ético se juega en la vertiente del desnudo y de la perversidad. (...) Los vestidos, los cosméticos y las joyas son eso con que trata de envolverse, son los envoltorios. (Ib., p. 15)

Precisamente, parece que Ada se enrolle sobre sí misma, sea como madre o como mujer, construyéndose un envoltorio con su propio miriñaque. La apropiación del espacio y del propio cuerpo está estrechamente ligada a la posibilidad de expresión, de invención de nuevos lenguajes y a la capacidad de diégesis. Bajo la tienda de campaña improvisada, Ada cuenta fábulas cuya narración implica todo su ser.

La salida de Ada y Flora (Anna Paquin) del miriñaque puede ser interpretada como metáfora del abandono forzado del lugar de la fusión para entrar en el orden simbólico, asumir sus roles sexuales, exhibir una "normalidad" social, escondiendo a la vez su propia sexualidad, o, mejor, la "invisibilidad" de la propia sexualidad, llevando cuidadosamente un sombrero en la cabeza.

Junto a la lectura psicoanalítica y sintomática del gesto preocupado con el que sea Stewart (Sam Neill) sea Ada llevan sus respectivos sombreros, podemos evidenciar el valor simbólico que, desde un punto de vista histórico-social, ese elemento del vestuario tenía en el mundo victoriano. Su valor cambiaba también en relación al sexo de quien lo llevaba y, por lo tanto, en una sociedad dominada por el hombre, el sombrero era índice del estatus social:

> En general, cuanto más rígido era el sombrero, tanto más alta era la clase social de quien lo llevaba. (Lurie, 1981, p. 176)

El sombrero femenino, sin embargo, era símbolo del rol social más que del estatus. Por eso, independientemente de las necesidades reales de protección, el uso del sombrero en el siglo XIX estaba en relación directa con los principios morales y las reglas sociales oficiales que la protagonista, lo mismo que su marido, parecen respetar, aunque no sin conflictos interiores. Por eso, se adapta muy bien a Ada la afirmación de Lurie según la cual la mujer victoriana de clase media para salir de casa...

> protegía sus inocentes y privados pensamientos cubriéndolos con un elaborado y convencional representante de la feminidad pública contemporánea. (*Ib.*, p. 177)

En *Retrato de una dama*, el expediente técnico del *travelling* evidencia la escena en la que los sombreros de copa son colocados progresivamente en yuxtaposición sobre una larga mesa, subrayando así el rango social de los invitados a una recepción en casa Osmond. Para Isabel Archer, la protagonista de la película interpretada por Nicole Kidman, la rigidez y el peso de los vestidos que constriñen y ocultan su cuerpo parecen verdaderos instrumentos de tortura, aparte de fastidiosos obstáculos que hacen torpe y vulnerable la figura femenina, presa fácil de las miras arribistas del artificioso Osmond (John Malkovich): es lo que sucede cuando, usando la sombrilla como objeto de chantaje, el artista frustrado obtiene un beso de Isabel. El objeto "sombrilla", que permite un chantaje no previsto ni descrito en la novela de Henry James, era un accesorio obligatorio de la mujer victoriana: le permitía visibilidad y, a la vez, una moralista invisibilidad, cuando paseaba fuera de casa y, más aún, de viaje o por las calles de la ciudad. El modelo masculino del *flâneur* de Baudelaire, que basa su relación con el espacio urbano en el anonimato, en la distancia y en la mirada, difícilmente puede ser adoptado por la mujer. La conquista del derecho al paseo público se juega en gran parte con el camuflaje, el vestido que reviste el cuerpo.

Las revistas femeninas del siglo XIX estaban llenas de sugerencias para las emprendedoras que viajaban solas, sobre el comportamiento que había que mantener y sobre el vestuario que habían de elegir antes de ponerse en marcha. Se recordaba, por ejemplo, usar las redecillas para el pelo y el velo como pantalla para esconder el rostro. (Danieli, 1997. p. 5)

Si podemos afirmar que la película *El piano* adelanta un discurso feminista del vestuario, pues en él se encuentra una compleja reelaboración de los estereotipos del género relacionados con las estrategias de representación del cine dominante (Bruzzi, 1995, p. 259), en el *Retrato*, el vestuario subraya las restricciones de la época victoriana y, en las escenas de ambientación florentina o romana, denuncia la artificiosa y esnob "buena" sociedad italiana y el poder árido del dinero. El vestuario y los peinados de Isabel Archer en sus temporadas en Italia son perfectos, como perfecta es la casa que se construyó y las veladas mundanas que organiza, cuya opulencia se revela en las tomas desde arriba de los bailes, en las coreografías exaltadas por los vestidos amplios y coloreados de los bailarines.

En las secuencias más originales, en las que emerge la inspiración de la directora australiana, el vestuario funciona como elemento visivo-perceptivo inmediato de la prisión de tabúes en la que vive la protagonista, en oposición a la libertad de movimiento y de expresión de las jóvenes vestidas años setenta que caracteriza las secuencias iniciales, o revelada por el contraste entre *chador* árabe *versus* desnudez, en las escenas referidas al viaje en Medio Oriente. Esta función, sin embargo, permanece anclada a nivel de historia y contenido, y no implica en la denuncia al medio cinematográfico con sus estructuras de enunciación, ni tampoco activa en el espectador efectos de distanciamiento irónico.

Siguiendo con *Retrato de una dama*, la falda hinchada, a causa del relleno en la parte posterior, constituye un elemento de opresión-represión de la sensualidad de la joven Archer: se convierte claramente en obstáculo y estorbo que Isabel no controla cuando Osmond la humilla pisándole la cola y haciéndola caer al suelo.

En *El piano*, sin embargo, el miriñaque se metamorfosea en el desarrollo de la narración fílmica, reflejando la multiplicidad de sentimientos y de situaciones vividas por la protagonista, de tal manera que esta película ha sido considerada el ejemplo perfecto de animación de un vestido en el cine (Remaury, 1994, pp. 45-46).

El miriñaque de Ada está presente en su esquelética estructura en la escena de amor con Baines (Harvey Keitel) y esta vez quien entra es precisamente el *pakeha*: a él le está permitido alcanzar el cuerpo erótico de la protagonista. El medio técnico subraya los torpes intentos del hombre por traspasar los estratos de la falda y su estructura rígida, desapareciendo dentro. Jaula para pájaros, querría tener prisionero el cuerpo de la mujer, pero, en el acto en el que es expuesto en su desnudez, aparece como cosa, artificio, grotesco instrumento que nada tiene que ver con el cuerpo. La acción está interpretada por la sonrisa burlona y por la mímica divertida y suspendida a la espera del rostro de la protagonista, encuadrada con *shot/reverse shots.*

Stewart, sin embargo, no puede entrar dentro del miriñaque cuando, durante un intento de violación entre las ramas tentaculares y entrelazadas del bosque en penumbra, los innumerables estratos de la falda se lo impiden, siendo para Ada una especie de defensa y protección.

El "*backless dress*" y la foto nupcial

En *El piano*, pues, el vestuario funciona como potencial medio de afirmación de un discurso fundado en el cuerpo y en el tacto, en oposición a los estereotipos de la feminidad y de la representación voyeurista. Las restricciones victorianas están evidenciadas y contrastadas mediante un tratamiento cómico e irónico de los mismos instrumentos con los que tales restricciones se manifestaban: los vestidos. El papel activo y positivo de la "mascarada" es evidente también en la escena en la que los dos protagonistas participan en la documentación fotográfica del propio matrimonio. En esa ocasión, Ada se ve obligada a ponerse un vestido de novia literalmente "de fachada": de hecho, se trata de un vestido formado sólo por la parte anterior y asegurado al cuerpo por lazos atados posteriormente. Deja descubierta la parte posterior de quien lo lleva pero, precisamente por eso, tiene la ventaja de poder adaptarse a todos los cuerpos y ser usado en diferentes ocasiones con fines fotográficos. Eso muestra evidentemente el parentesco, del que habla Lurie (1981), del vestido ritual con el vestido escénico por un lado, y el uniforme, inmediatamente reconocible e impuesto exteriormente, por otro. La actitud de acción teatral viene dada también por la desfetichización del vestido de novia, ya que se lo pone sobre un vestido corriente.

No realizado ni deseado exclusivamente por Ada, ese vestido a mitad no tiene ninguna relación con el cuerpo de la novia, es más, le aplasta la superficie y los contornos, niega su unicidad, su no intercambiabilidad e irrepetibilidad. Clara metáfora de la no implicación emotiva y sentimental de Ada en el matrimonio y también de la exclusión de su experiencia corpórea y de vida, del mismo modo que la fotografía excluye a su hija.

Se trata de un ulterior estrato de revestimiento sobre una mujer victoriana oprimida por demasiados estrados de vestidos que le impedían los movimientos naturales del cuerpo e incluso respirar profundamente. La realización fílmica de la historia permite la percepción de la materialidad de los movimientos de la protagonista y lo físico de su lucha poniéndola en contraste con la rigidez y la severidad de su vestuario. La misma Holly Hunter considera ese contraste un rasgo característico de la protagonista:

> Los vestidos me prestaron una ayuda extraordinaria: la incongruencia de una mujer auténticamente trabada con corsé, enormes miriñaques, mandiles, bragas largas, corpiños, camisones, y obligada a hacerse camino en el monte, constituía una verdadera y auténtica manifestación física de Ada. Así eran las mujeres de esos tiempos, así se comportaban: para ponerse aquellos vestidos era necesario una mezcla de abierta fragilidad física, fuerza y resistencia. Y, naturalmente, gracia. (Campion, 1993b, p. 154)

Pero, como sucede con frecuencia en esta película, en la que muchas imágenes están construidas para leerlas desde diferentes puntos de vista, a veces en contradicción entre sí, la puesta en escena del matrimonio, donde la funcionalidad predomina sobre la estética, parece aludir, de todas formas, a un punto de vista distinto del de la máquina fotográfica, a otra perspectiva que toma en consideración la escena en la que el cuerpo revestido de Ada muestra un aspecto que no cubre el hábito nupcial y que no aparecerá en la foto.

Esa parte del vestido que falta, esa porción de carne dejada "descubierta" porque no tiene ninguna importancia para la perspectiva plana e inmóvil de la máquina fotográfica, puede ser un espacio de libertad e ironía, de parodia en relación a la mirada que encuadra a la mujer en la visión limitada y limitadora del matrimonio como lugar de realización del destino femenino. El vestuario de Ada, en esa escena, presenta los dos aspectos del "cuerpo revestido" que el sistema vestimentario hace posibles: la ironía y lo grotesco, es decir, la capacidad "de no dejarse limitar en reclusión de ningún tipo" y la posibilidad de metamorfosis y ambigüedad (Calefato, 1996a, p. 8).

Son éstos los rasgos que entran en juego en la visión del espectador en el momento, casi imperceptible, del clic en el que la mirada del fotógrafo y la mirada de la cámara casi se sobreponen: su memoria fílmica hace que mire la escena nupcial también desde el punto de vista opuesto, yendo más allá del fotograma.

Puede ser esta dialéctica puesta en escena por el *backless dress* la que construye el *punctum* barthesiano (Barthes, 1980, p. 28 y s.) como posibilidad que impide a la imagen fotográfica de convertirse en superficie mortífera, plana, que quita peso al sujeto, restituyéndole sólo una apariencia espectral; posibilidad de la imagen de salir fuera de sí y de vivir más allá de sus propios límites. De la misma manera que la mirada de la cámara engloba y supera el punto de vista de la cámara fotográfica y desvela la propia presencia entrando en el objetivo fotográfico por la parte opuesta, contrastando así el ojo de Stewart que está probando el encuadre.

Stewart y el "cuerpo cerrado"

Aprovechando la especificidad del lenguaje cinematográfico, es decir la imagen en movimiento, en las escenas donde aparece por primera vez, Stewart, el hombre al que Ada fue dada en matrimonio, habla y nos habla, sobre todo, a través de la propia indumentaria.

Considerado aisladamente, el traje oscuro con sombrero de copa puede ser el equivalente de las frases convencionales de las que está llena la lengua oficial y el habla de las clases superiores, y de las que el mismo Stewart hace abundante uso. De hecho, según Lurie (1981), este tipo de ropa estaba marcado socialmente, en cuanto usado por los hombres del periodo victoriano para simbolizar el propio estatus social y el poder económico. En el contexto inglés victoriano, el traje oscuro era el uniforme adecuado que se ponían por la noche los hombres de clase bien. Pero, como sucede en el lenguaje verbal donde la adecuación de un enunciado no es sólo una propiedad intrínseca sino que depende más bien de diversos factores como el contexto verbal y situacional en el que se produce, el traje de Stewart aparece inadecuado, fuera de lugar, en el contexto de la isla primitiva y salvaje. Además, se trata de un traje que era (y sigue siendo) usado para ceremonias oficiales, como el matrimonio. De hecho, el personaje se está dirigiendo hacia su mujer para poder inmortalizar su unión matrimonial con una fotografía. Como hemos dicho, los trajes que se usan en estas ocasiones rituales ocupan, para Lurie, un lugar que está entre el vestuario escénico y el uniforme, por lo tanto entre el engaño y la ficción, a lo que colabora la audiencia teatral, por una parte, y la extremada forma de traje convencional por otra.

En base a la categoría semiótica de "cuerpo revestido" se puede penetrar en el personaje masculino y descubrir la escasa elasticidad mental, la falta de apertura a culturas nuevas y diferentes.

La imagen de Stewart, tomada individualmente, es la representación de un cuerpo orientado en sentido funcional e instrumental que reduce fuertemente la valencia fática y estética que en último análisis lo caracterizan.

En el capítulo *Male and female*, Lurie resalta cómo una de las funciones del vestuario ha sido desde siempre la de distinguir al hombre de la mujer para garantizar la reproducción (*ib.*, p. 213). Ha habido periodos en los que esta distinción en el vestuario entre los dos sexos era más neta y rígida que en otros, tanto, que el intercambio de ropa entre hombre y mujer era casi un tabú. La época victoriana es un ejemplo:

En un periodo fuertemente patriarcal como a mediados del siglo XIX (...) el vestuario de hombres y mujeres tiende a distinguirse claramente, y cualquiera que usara ropa del sexo opuesto en público probablemente era considerado indecente e incluso disgustoso. (*Ibi*, p. 221).

Por lo tanto, el cuerpo de Stewart se puede describir también como un ejemplo cinematográfico de ese canon moderno del cuerpo que, para Bachtin, (1965), se impuso predominantemente en la literatura y en las artes figurativas europeas a partir del siglo XVI. Se trata de un cuerpo no relacionado con otros cuerpos, sin huella de dualismo o ambivalencia,

un cuerpo perfectamente dado, formado, rigurosamente delimitado, cerrado, mostrado desde fuera, homogéneo. (*Ibi*, p. 350)

De todas formas, la transposición del sistema de la moda del país de origen a un contexto completamente nuevo, tratando de marcar la pertenencia a otra cultura y a una civilización superior, a la clase burguesa medio-alta y al llamado sexo fuerte, sufre una serie de procesos "descendentes", como diría Bachtin, que producen el efecto cómico que acompaña a Stewart durante buena parte de la película, en particular en las primeras apariciones.

En primer lugar, el estrecho contacto con la naturaleza, entendida también como naturaleza fisiológica y corporal, "contamina" la superficie cerrada de su cuerpo: la luz verde gris del bosque que lo rodea, el traje negro lleno de barro por todos sitios, el sudor y el pelo graso.

El efecto que produce todo eso en el personaje del novio parece evocar la lectura que Bachtin (1965) hace de la imagen del cuerpo en Rabelais. En particular, Jane Campion consigue realizar lo que Bachtin llama "realismo grotesco" (*ib*., p. 345 y s.) caracterizado por una determinada concepción del cuerpo, presente, según el autor, en la cultura popular de la Edad Media y en el lenguaje jocoso familiar. El cuerpo se concibe como un cuerpo abierto al mundo y a los otros cuerpos, un cuerpo en desarrollo en el que asumen gran importancia los lugares a través de los que nos relacionamos con los demás, su apertura al mundo: un cuerpo hecho de orificios, protuberancias, aunque también excreciones como, precisamente, el sudor y las secreciones grasas. Éstos últimos son los signos en los que la corporeidad de Stewart se inscribe y emerge abriendo a lo grotesco y a lo cómico su cuerpo cerrado en la identidad y en la jerarquía que el traje expresa.

La dialéctica entre la concepción grotesca del cuerpo y lo que Bachtin llama "concepción clásica del cuerpo" (*ibídem)*, aquí sintetizada como "cuerpo cerrado", se establece también en la relación entre el estilo alto del lenguaje de la ropa de Stewart y la aparición de los maoríes, con su modo de vestir y el *moko*, es decir, el tatuaje facial típico de Nueva Zelanda. El lenguaje de su ropa es un lenguaje que admite, podríamos decir, palabras extranjeras, o sea, elementos del vestuario provenientes de una cultura distinta que, relacionados sintácticamente con prendas autóctonas, son reinterpretados en textos híbridos y ambiguos. Es una forma de vestir como travestismo y máscara, que se presenta como una interpretación jocosa y cómica del traje del protagonista, el cual, considerado desde un punto de vista "extranjero", sufre un redimensionamiento cultural y valorativo a pesar de la pretensión de universalidad que representa.

La mezcla de géneros y estilos, de tatuajes y chaquetas de espalda rectangular, hace del "look" de los maoríes un espacio divertido de inversión y anulación de las jerarquías sociales y de los valores "altos", lugar de contacto entre lo alto y lo bajo, entre el lenguaje oficial y el lenguaje no oficial, de confusión de géneros sexuales. Para este último punto, observemos cómo se viste Hira, la mujer maorí: un híbrido andrógino que supera el tabú victoriano que dividía rígidamente la ropa de los dos sexos, pues lleva, aparte de los tatuajes y el vestido, un sombrero de copa oscuro que alude irónicamente al sombrero de Stewart y a su simbología masculina.

Dentro de un mismo encuadre, Stewart y los maoríes entran en contacto y se superponen recíprocamente: los indígenas imitan al hombre inglés, parodiándolo y burlándose de él. El contraste y la fricción entre los autóctonos y los colonos tiene desde el principio un irresistible gusto irónico y casi burlesco en los pocos fotogramas construidos como fragmentos sobrecargados que rompen la continuidad del discurso y del montaje horizontal, así como la caricatura de los nativos introduce recorridos disgresivos del tiempo y de la visión de la Historia. Por eso, la técnica del fragmento y del montaje sobrecargado, poniendo en contacto directo distintos estilos de vida, donde uno trata de interpretar al otro, lleva al espectador a considerar a los dos protagonistas desde el punto de vista paródico de los neozelandeses: se produce, pues, un distanciamiento irónico no sólo a nivel argumentativo sino también a nivel de la enunciación, llamando en causa al medio expresivo, es decir, el cine, y el proceso de fruición de la película por parte de los espectadores.

El tatuaje incompleto de Baines

Los tatuajes faciales asumen una valencia estética plena y fática en el rostro de Baines, el otro personaje masculino que asume enseguida un papel de primer plano en la película. De hecho, en su rostro, la técnica *moko* pierde su significado simbólico, finalizado a la comunicación de información codificada y compartida con los nativos, tendiendo más netamente hacia lo no funcional, lo sagrado.

El tatuaje en su rostro no es, pues, una mera reproducción, una repetición de la simbología de los tatuajes maoríes, con sus implicaciones religiosas y de distinción social, sino la interpretación en un texto original de esos símbolos, más allá de los códigos establecidos por la cultura autóctona.

Esos signos incompletos que no terminan en un diseño coherente y acabado, conjugados con un vestuario que conserva algo de sus orígenes escoceses, parecen trazar una personalidad en desarrollo, flexible, en diálogo con lo nuevo y lo diferente, capaz de combinaciones originales y creativas.

Desde que aparece en la pantalla, este personaje expresa un hibridismo más maduro que el de los maoríes, y los signos de su rostro se leen como una toma de posición, como una orientación hacia el deseo y la utopía.

Interpretando a Baines desde el punto de vista de la categoría del "cuerpo revestido", es decir de su apariencia sensible y estética, se entrevé la posibilidad de un nuevo modelo de hombre, el testimonio de una forma de libertad derivada del hecho de no sentirse miembro de ninguno de los dos grupos culturales, de no haberse encerrado en el sentido de pertenencia a una identidad nacional. Baines, de hecho, no parece ni un maorí ni un colonizador blanco: su estilo de vida parece ambivalente y bidireccional.

Baines se encuentra en el límite que metafóricamente Stewart querría construir (y que de hecho construye para delimitar sus tierras) para separar naturaleza y cultura, donde en la parte de la naturaleza se encuentran también el cuerpo y la pasión erótica.

A diferencia de Stewart, que parece el depositario de la mirada (muchos encuadres lo recogen espiando) y que pierde bien pronto autoridad y credibilidad a causa de su traje, más pequeño de la talla que le correspondería, inadecuado y ridiculizado en comparación con los indígenas, Baines está ligado a un tratamiento cómico del fetichismo de la ropa y a una inversión de las jerarquías de los sentidos a favor del tacto y de la proximidad.

El chantaje sexual suscita la reacción activa de la protagonista, que pide un trueque: una tecla negra a cambio de una pieza de su vestido. El striptease, basado en el gusto fetichista por las prendas de vestir con la actual fragmentación del cuerpo femenino, deja poco a poco lugar al deseo erótico y a la pasión; la escoptofilia

El vestido como metáfora de la fragilidad física, la fuerza y resistencia. Escena de la película *El piano*.

y la distancia de la visión se transforman en prioridad del tacto y de la proximidad. Es lo que sucede cuando el torpe índice de Baines llega a la piel de Ada a través del agujero de la media: esa escena parece ironizar sobre el poder erótico conferido a algunas prendas de vestir y, a la vez, subrayar el placer táctil del gesto del personaje masculino, mimado por primeros planos y por los movimientos de la cámara (Bruzzi, 1995, p. 265).

Otro ejemplo es la escena en la que Baines aparece desnudo en el acto "femenino" de sacar brillo al piano con la camisa. El uso que hace el personaje de su propia camisa está en sintonía con la libertad con la que se tatúa el rostro y con su *self-fashioning* que parece orientado hacia un universo utópico. Además, su cuerpo completamente desnudo invierte irónicamente los acostumbrados roles del striptease, evidenciando las leyes que lo sustentan: es Baines, de hecho, el primero que se desnuda, en vez de Ada, lo contrario de lo que establece la estructura binaria masculino/mirada y femenino/objeto de la mirada.

Las características estéticas del escocés-maorí interpretan la posibilidad de superar la dicotomía naturaleza *versus* cultura a favor de una nueva interpretación de las dos categorías, a partir de una reflexión sobre la concepción del cuerpo antropológico y su manifestación.

IV. Vestuario y cuerpo en *Orlando* de Sally Potter: las marcas de un sujeto que transita entre realidad y utopía

Maria Giovanna Onorati

"Él –como no había duda sobre su sexo, aunque la moda del tiempo lo disimulara bien– estaba golpeando a sablazos la cabeza de un moro que colgaba de las vigas". V. Woolf, Orlando *(tit. original* Orlando*: a biography,) trad. italiana de G. Scalero, Milán, A. Mondadori Editore, 1982).*

Vestido de moda y arquitectura de la identidad de género

Si tomamos por buena la afirmación de Wenders según la cual una película "nace de un sueño, sea de un sueño real o de un sueño con los ojos abiertos" (Wenders, 1992, p. 22), *Orlando* de Sally Potter (1992) es una película que, por su excéntrica estructura, su contenido visionario, sus paradojas, no sólo transmite sus contenidos casi como un sueño sino que construye sus representaciones en el acto mismo de construcción de la propia gramática y de la institución del propio código singular, pues, como sostiene Derrida, "quien sueña inventa su propia gramática" (Derrida, 1987, p. 170). De hecho, *Orlando* es una película no sólo porque, como un sueño, es experiencia visionaria de una realidad ficticia, sino porque, a través de la cámara, nos muestra cómo ver es un acto de lenguaje regulado por una sintaxis específica que es, a la vez, aparato simulador y construcción de formas socialmente definidas.

La historia de Orlando es la historia de un sujeto utópico, "excéntrico", constantemente desplazado de un centro emanador de identidad y garantizador de verdades, "fuera de lugar" porque está "fuera de roles", suspendido en los límites de los mecanismos tipificadores, generadores de identidad, como el nombre, el género, el vestido, el tiempo histórico. Al principio, un chico andrógino, Orlando, paje de corte favorito de la reina Isabel I, a lo largo de su larga e imposible vida, que dura cuatro siglos, hasta llegar a nuestros días, sufre una inexplicable metamorfosis sexual, convirtiéndose en mujer y finalmente en madre, todo ello sin que su nombre ni su rostro sufran algún cambio. La historia de Orlando es, pues, una historia marcada por las paradojas e incoherencias de quien encarna "lo imposible" (derridianamente entendido como lo que está fuera de cualquier virtualidad), la contradicción (de quien, con la propia imposibilidad, se coloca fuera del mismo género literario que lo ha creado, la biografía). La de Orlando, más que una biografía, es una metáfora, el osado intento de representar la identidad como fruto de "transacciones y transiciones", antes de congelarse en un estereotipo, a través de la representación de un sujeto que hace del propio cuerpo una "frontera", citando a Lotman, un lugar ambiguo y "mestizo", un dispositivo semiótico generador de sentido, "función invariable de traducción" que confiere una individualidad *sui generis* (Lotman, 1985, pp. 59-62).

Sobre la base de estos presupuestos narrativos, la película de Sally Potter, con sus contradicciones de diégesis, efecto de artificiosos recursos en las técnicas de filmación y montaje, se revela un aparato funcional que "suspende continuamente la creencia" y, precisamente trayéndonos "más acá" de los mecanismos de la ficción, que son la base de la representación, nos muestra los procesos simuladores y disimuladores que subyacen en los mecanismos de construcción social de la realidad y, en un sentido más amplio, la relación de sentido entre objeto y mundo. De hecho, *Orlando* se presenta como una construcción fílmica que podríamos definir "diferentemente real", puesta en escena de una historia *sur-real* que, con un montaje hecho de asociaciones incoherentes y de deslizamientos imprevistos, interrumpe continuamente cualquier proceso de identificación entre espectador y representación, poniendo al desnudo los procesos de suspensión de la incredulidad que, como dice Eco, constituyen el presupuesto para cualquier obra de ficción, permitiéndonos percibir la realidad representada de manera a-problemática (Eco, 1994, p. 91). La película, con sus incoherencias, insistencias, ironías, miradas fuera de campo, crea efectos distanciadores que interpelan directamente al espectador/a como sujeto co-operador de la enunciación, obligándolo/a a poner en juego sus códigos y a desafiar sus hábitos interpretativos. El *sur-realismo* de una película visionaria que tiene la estructura de un sueño se convierte entonces en una especie de utópico *hiper-realismo*, que, lejos de distraernos de la realidad, nos lleva a preguntarnos sobre los mecanismos generativos que la producen y que determinan las formas socialmente definidas como identidad, género y estatus, a través de las cuales se autoproclama el sentido común que conforma la realidad de la vida cotidiana. Como dice Abensour:

> L'irrealité de l'utopie inséparable de son effectivité est le lieu où trouver les critères pour jouer le réalisme, où forger une résistance au cours de l'histoire qui mène son train, dire son refus. (Abensour, 1991, p. 480)

Precisamente este análisis de la película de Sally Potter está dirigido especialmente al proceso de deconstrucción/re-construcción realizado por la cámara y por el montaje y que afecta a la identidad del protagonista, poniendo en evidencia cómo la mirada cinematográfica, auténtico mecanismo semiótico capaz de proyectar formas socialmente determinadas, puede trabajar en la construcción de una subjetividad femenina en términos de "proceso de convertirse en mujer". Esta operación estética hace del ojo de la directora, Sally Potter, del ojo del espectador/a y del/la protagonista (Orlando/Tilda Swinton) tres sujetos de enunciación que se "miran" recíprocamente, funcionando los tres como dispositivos generadores de sentido, irreducibles uno a otro, como partes de un diálogo; el encuentro de esas miradas pasa a ser el lugar geométrico de una realidad en la que se delinean sujetos femeninos que, como dice Braidotti, son tales en cuanto artífices de una historia "diferente" (Braidotti, 1995, p. 6), una historia que pasa por el cambio radical de las representaciones convencionales de la subjetividad humana y, sobre todo, de la subjetividad femenina.

La singularidad de Orlando, lo que hace de él una figura utópica, está en el hecho de que su identidad se despliega en torno a la "separación" entre la "identidad" del rol, que se expresa y afirma a través de las rutinas institucionalizadas en la praxis de la vida cotidiana (vestirse, por ejemplo), y la "singularidad" del cuerpo y el rostro, formas, éstas, que se revelan irreducibles a la prescripción de los roles (sancionada por el vestuario, por ejemplo) o a la usura del tiempo, que hacen de este personaje *atípico/atópico* una metáfora de la identidad como discurso. Por eso, el vestuario jugará un papel fundamental en esta poiesis utópica que connota el movimiento fílmico, en especial por la evidente y grotesca disonancia que se intuye entre las marcas fuertemente connotadas y connotadoras del numeroso vestuario, cuidado en los mínimos detalles, como relatos temporales, sociales, de género, de estatus, etc., y, una vez más, el cuerpo, un cuerpo que no se deja aprisionar en corsés de contención, un cuerpo que expresa su irreductibilidad y alteridad en un rostro que permanece inmutado durante toda la película, sobreviviendo al paso del tiempo y al cambio de género.

Entre los *topoi* de la identidad, el vestido es, junto al nombre, el más imperativo y no es casual que el nombre y el vestuario aparezcan a lo largo de toda la película como etiquetas postizas, mal puestas a ese individuo extra-ordinario, sustraído a la dialéctica ser/no ser, que es Orlando. El nombre "Orlando", por ejemplo, es una inscripción que lleva en sí, en las partes que lo componen, ese destino *alter*, de diferencia y no de identidad, que caracteriza al denotado. El hecho de no transformarse el personaje al cambiar de género sexual está *iconizado* en los "*or*" y "*and*" que lo componen: "*Or-l-and-o*" es la metáfora de un sentido en movimiento, en el que la disyunción de la marca semántica que excluye ("or"), - propio de la lengua el estar estructurada en oposiciones binarias verdadero/falso, posible/imposible, dentro/fuera, afirmación/negación - se convierte en espacio de la diferencia no indiferente ("*and*"), en la que conviven todos los sentidos más allá de las categorías lógicas. El nombre, pues, de ser indicador de identidad, se separa de su denotado, se hace citación que, con el pequeño relato que inaugura, además de actuar como factor de connotación y no de mera denotación (como querría la teoría clásica del nombre propio) lleva sobre sí la marca de lo utópico, del imposible *ne-uter* irreducible a la sintaxis, el escándalo de una identidad forjada sobre la separación absoluta.

De la misma forma, el vestuario, indicador de identidad social, se separa de su connotado y se convierte en citación de sí mismo, *topos* privilegiado a través del cual el lenguaje ejercita su función normativa y prescriptiva respecto a la relación de sentido entre el individuo y "su" realidad. El vestuario, de hecho, es captado por la cámara en esos efectos estridentes que produce en su relación con el cuerpo/rostro de Orlando, efectos que quitan a la función vestimentaria cualquier pretensión de naturalidad/neutralidad; especialmente, la cámara ironiza, con cierta insistencia, en el estatismo del "vestuario" y en su vano intento de sancionar una rígida correspondencia entre los signos vestimentarios y el significado social relativo a la identidad de quien los lleva (Calefato, 1999, p. 13). No es casual si toda la película, pasándonos en reseña una multitud de vestidos caracterizados, según la época y el contexto, bien por la rigidez del traje, bien por los cambios de los vestidos a la moda, bien por la ambigüedad unisex, parece ser precisamente una parodia de la función discriminadora de la ropa, que se exhibe como "citación", como *habitus*, como ritual a través del cual una determinada praxis social se autoproclama bajo la forma de inocentes rutinas radicadas en la vida cotidiana que sancionan el papel de cada uno dentro de un determinado contexto.

Recayendo, pues, en la categoría más general de "vestido interpretativo", el vestido de moda será *modus*, modo y medida de una cierta praxis, y por lo tanto, especialmente si lo consideramos en su rigidez de vestuario de época, estará de parte de esos factores propios de los regímenes discursivos que tratan de hacer del cuerpo un signo-símbolo, una especie de configuración inteligible y transparente o, en palabras de Landowski, "una sustancia de expresión disponible para ser articulada en vista de la traducción de los contenidos externos a ella" (Landowski, 2001, p. 74). Sin embargo, lo que emerge de las técnicas de rodaje de la película es el efecto irónico de un intento continuamente frustrado de la excedencia del cuerpo/sentido *(ibídem)* de producir efectos de socialización a través del vestuario, de hacer del vestuario un factor de integración del sujeto en el tiempo socializado, en ese tiempo funcional a la afirmación de sí mismo como sujeto de ese mundo.

A través de su relación, "imperfecta" podríamos decir, con el vestuario, el cuerpo-sentido de Orlando se configurará como una instancia discursiva y no simplemente como texto, como principio de enunciación capaz de instituir regímenes discursivos y efectos de sentido "diferentes". La película traza pues una cartografía de todas las relaciones de alteridad con las que el cuerpo/sentido resiste, con sus "excedencias" y obstinaciones, a los significados prescritos y establecidos por el lenguaje, sustrayéndose al intento de reificación del universo simbólico de reducir el cuerpo al plano de la expresión, vehículo neutro y transparente de contenidos exteriores al cuerpo mismo. Sujeto a-tópico, especie de cuerpo en movimiento al que toda la ropa "le viene estrecha" y que, viviendo en la frontera de los géneros sexuales, se coloca fuera del mundo entendido como horizonte tipificador y tipificado del posible-real, Orlando nos lleva a regímenes discursivos que son los del cuerpo/sentido con sus vivencias de *Leib* inevitablemente marcadas por la "diferencia" y, por lo tanto, irreducibles a las categorías de un sujeto abstracto y universal donador de sentido, restituyéndonos, precisamente gracias a esta *exo-topia*, una percepción diferente de la realidad.

El cuerpo de Orlando, el andrógino, el hombre y mujer, dotado de una identidad "*fuera de roles*", es la escandalosa forma de algo inaudito, expresado en la película por su relación de marcado desdén hacia un vestuario siempre demasiado estrecho e incómodo, especialmente hacia las barreras que precisamente el vestuario, con su rigidez, levanta y mantiene entre masculino y femenino. Por eso, las secuencias de la película que tomaremos en consideración son aquellas en las que la cámara, deteniéndose en ciertos rituales vestimentarios e insistiendo en escenas que se repiten idénticas aunque con vestidos que "marcan la diferencia", nos muestra a Orlando como cuerpo revestido, significante puro, pura fuerza transformativa, cuyas metamorfosis se expresan precisamente a través de esa "arquitectura del cuerpo" que es el vestuario (Calefato, 1986, p. 10). Expresión de una identidad que aún no se ha congelado en el estereotipo, que se articula en el movimiento de diferenciación/dilación de la convención, Orlando es la imposibilidad desorientadora de algo nuevo que no corresponde a ninguna virtualidad, es el espacio/tiempo de un cuerpo que se configura como instancia discursiva, principio de escritura, y no como tábula rasa donde escribir o que cubrir, sujeto de enunciación que afirma su libertad de "decir" en la posibilidad de no "dejarse decir", en la sustracción infinita a la identidad normativa y estandarizada que el vestido/vestuario querría imponerle.

Orlando nos viene presentado desde el principio como un cuerpo revestido, un cuerpo cuya identidad es definida, y a la vez parodiada, por el "juego de las apariencias", por la ironía de las formas. Su género sexual, su estatus y los cambios que afronta son significados por la ropa que viste ese cuerpo sin conseguir contenerlo/marcarlo completamente. Empecemos por la primera escena, aquella en la que, paje y varón, se prepara para ser recibido oficialmente por la reina. Deteniéndose largamente en lo que se convierte en un ceremonial vestimentario, esta primera secuencia constituye el presupuesto para los efectos caricaturescos respecto a la función prescriptiva de la ropa, producidos por la repetición de algunas escenas completamente dedicadas al acto de vestirse, escenas que, además, funcionan como verdaderas "citaciones" de la película en la misma película. De hecho, poco después, asistimos a una escena igual y contraria a la que acabamos de mencionar, donde se nos muestra a la reina que se está "desvistiendo" de sus pomposos vestidos antes de recibir a Orlando de forma oficiosa y que funciona como una especie de desdoblamiento paródico de la escena inicial.

Insistiendo pues en el cuerpo revestido, la película nos induce, desde el principio, a una reflexión crítica sobre la arbitrariedad de la función normativa/prescriptiva que el lenguaje, a través de sus *topoi*, sobre todo a través del vestido/vestuario, ejercita sobre el sujeto. El vestido, expresado en la rigidez de los trajes de época, trata de establecer un nexo de sociabilidad y de continuidad entre el cuerpo del personaje, incapaz de integrarse y refractario a los roles (como veremos es un cuerpo que evita la mirada directa) y el medio, en este caso la corte, un contexto fuertemente jerarquizado y estructurado sobre las relaciones de poder. Precisamente, la redundancia representativa que acompaña a estas lógicas vestimentarias hace que secuencias enteras se conviertan en una especie de parodia de la ambivalente función tipificadora ejercitada por el vestuario en el grupo social de pertenencia y que fue evidenciada por Simmel. Esas escenas, y muchas otras a las que nos iremos refiriendo, desenmascaran toda la compleja y ambigua relación entre vestuario y cuerpo, una relación que no podemos reducir a una simple función normativa en la correlación individuo-sociedad. El vestuario, parafraseando a Simmel, responde a requisitos que están por encima del individuo y a través de los cuales un grupo o una clase se reconoce, siendo un elemento de cohesión social que indica a la vez la pertenencia a un grupo o la exclusión de él, imponiendo al cuerpo la ley de su forma y confiriéndole una cierta uniformidad social (Simmel, 1985, p. 31).

Es esta uniformidad social el objetivo de los efectos paródicos producidos por la disonancia entre la rigidez del vestuario y la irreductibilidad del cuerpo a la arbitrariedad de crear barreras, sobre todo, en la identidad de género; pensemos, por ejemplo, en la singular elección de hacer interpretar la fase masculina de Orlando a la misma actriz que interpreta el papel femenino (Tilda Swinton), y a la reina Isabel I por un hombre (Quentin Crisp), personaje conocido en el mundo cinematográfico inglés como figura transgresiva y provocadora. Los rostros de estos actores enmarcados por perifollos, pelucas y encajes, que son, más que simples accesorios, verdaderos y auténticos relatos de un marco social cerrado y perfecto en sí, se convierten en el punto de fuga de esa estructura cerrada e integradora; sus rostros, poniendo en discusión la coherencia y la veracidad de la acción, hacen de la historia representada una especie de mascarada y crean fallas internas en cada encuadre, abriendo así, desde el interior, el espacio de la representación e instituyendo un nuevo texto. Esos rostros sancionan la separación entre lo representado y un referente externo considerado como posible objeto del mundo; la misma representación se eleva a metáfora de una subjetividad utópica que se crea sustrayéndose al movimiento categorizador y universalizante de la conciencia socializada.

El rostro de Quentin Crisp, desenmascarando la total arbitrariedad del cuerpo revestido, se convierte en un factor de no socialización, un elemento que desmonta la estructura de ese poder real y absoluto que su cuerpo revestido representaba. Del mismo modo, los ambiguos rasgos somáticos de Orlando sancionan la singularidad del personaje, que se concreta en el destino de "diferencia" de un sujeto obligado por la irreductibilidad de su cuerpo a vivir la ironía de las formas y, precisamente por eso, desde el principio, el destino de "un hacerse mujer". De hecho, sus rasgos hacen de él, cuando aún es un paje, el favorito de la reina, que le concede un título a cambio de una promesa utópica: "No estropearse, no agostarse, no envejecer". Así que, el poder, ya parodiado por el rostro, cede a la seducción de lo que ha excluido, lo efímero, el desencanto de la superficie, y se da a cambio de una promesa de imposibilidad, a cambio de la esperanza utópica de una percepción "diferentemente real" de la realidad, esperanza utópica de una palabra que diciendo no llega a ser, generadora de un sentido comprometido en su distanciamiento y aplazamiento del compromiso de hacer existir, esperanza de un lenguaje que no sea sólo afirmación e identificación (repetición de lo que ya es), sino puesta en juego de significados preconstituidos (sobre el valor ético de la palabra utópica ver Abensour, *ibídem*, p. 479). Comprendemos ahora que el destino de Orlando está inscrito en lo efímero de su cuerpo: su rostro, sus rasgos de efebo, es decir, todo lo que no puede contener el orden simbólico, todo lo que el poder excluye para afirmarse; y entendemos también todo el valor de eversión que tiene la imposibilidad de Orlando en cuanto irreducible a las categorías lógicas a través de las que el poder fija un abstracto valor de verdad, en nombre del cual, ese poder, después, bajo forma de posible/potencia, se encuentra legitimado para reproducirse. En este sentido, Orlando es desde el principio lo "femenino", lo "otro", lo "diferente", lo que el poder –estructurado en masculino y proclamándose universal bajo el falso aspecto del posible/real– ha tenido que excluir para afirmarse, y la historia de este personaje es el signo mismo de un destino de exclusión y rescate del "ser de otra manera".

El rostro de Orlando, pues, al no adecuarse a la arbitrariedad de los roles marcada por la ropa, ni a la paradoja de la metamorfosis sexual, precisamente por el hecho de no cambiar, se convierte en un juego de máscaras, de apariencias, de travestismo. Gracias a eso, Orlando puede definirse "la perfección de su sexo", la perfecta representación de un cuerpo en tránsito, en el que todos los sentidos conviven ambiguamente y que tiene mucho de lo que Bachtin llama lo "grotesco-carnavalesco", con todas las implicaciones utópicas de las que ese saber se hace portador (Bachtin, 1995, p. 41).

Estructura fílmica y parodia de la ceremonia de vestirse

Como ya hemos evidenciado, los numerosos vestidos que se suceden a lo largo de la película funcionan de indicadores espacio-temporales de la trama narrada, elevándose así a "dobles paródicos" de esas fechas que van marcando los actos de la película, la articulación diacrónica de esa vida imposible que dura cuatro siglos. Reflejando fielmente la moda del tiempo, el vestuario va colocando cada vez (de acto en acto) al personaje en una realidad histórica y socialmente determinada, pero, aún así, el evidente desfase entre el vestuario y ese cuerpo "obstinada e involuntariamente" ambiguo produce un efecto paródico y consecuentemente desmitificador respecto a la arbitraria función identificadora del vestuario, desenmascarándolo como *discurso* a través del que una cierta orientación de la praxis se insinúa en los mecanismos más sutiles de expresión de la identidad, proclamándose dominante y ejercitando el control en la práctica social.

El vestuario, pues, ironiza sobre sí mismo, se desenmascara como juego de las apariencias; de hecho, esos detalles a la moda, en el momento en que tipifican al personaje y lo colocan en un espacio-tiempo bien definido, si por una parte nos informan sobre la rigidez de los vestidos, por otro lado también nos informan de lo efímero, del continuo cambio que el vestido aporta al cuerpo, de su ser escritura del cuerpo que construye y deconstruye la relación de sentido entre individuo y sociedad. Así pues, precisamente en la redundancia del vestuario podemos localizar su naturaleza sígnica de ser lugar de intersección de textos y discursos, y es una entera realidad social, con sus sistemas de valores, la que se pone en juego.

Consideremos, por ejemplo, el acto "Sociedad", especialmente la parte en la que Orlando, convertido en mujer, se prepara para ir a un salón de corte; vuelve en forma de diálogo, entre los textos citados en el mismo texto fílmico, otra escena de la ceremonia de vestirse. Esta escena, como las precedentes, se detiene en las distintas fases del ceremonial de "constricción" en el que Orlando es aprisionado en un auténtico y verdadero corsé de contención (un busto estrechísimo y un enorme miriñaque la obligan a una postura innatural) funciona de imagen-cristal en el sentido deleuziano del término. Según Deleuze, la imagen-cristal, en su forma de imagen-recurrente, imagen-recuerdo, imagen-sueño, imagen-en-el-espejo, a través del efecto de surreal superposición de real y virtual (producido por la "contracción" entre imagen actual e imagen virtual), nos sumerge en una situación de hiperrealismo que representa las dos caras de la realidad: la realidad y su reflejo (sobre la imagen cristal, Deleuze, 1989, pp. 82-112). En la escena de la ceremonia de vestirse a la que nos hemos referido, además del significado explícito de la imagen representada, se reflejan otras imágenes del ceremonial ya vistas que resuenan bajo forma de rituales que se repiten, aunque esta vez con una diferencia (el cambio sexual), añadiendo nuevo sentido a la representación. Estas imágenes reflejadas hacen que la misma imagen reflectora vaya más allá del nivel de literalidad, abriendo dentro de sí nuevos recorridos interpretativos y, por tanto, nuevos espacios textuales. Estas escenas, con su juego de repeticiones y citaciones internas al mismo texto, interrumpen la linealidad y la coherencia de la diégesis de la representación, creando una condensación de sentido que se despliega según superposiciones que hacen que el sentido fílmico se deslice del plano de la "representación" al plano del "reconocimiento" de su propio mecanismo simulador. Como advierte el mismo Deleuze, con las imágenes cristal "es la película la que se toma como objeto en el propio proceso de formación o en el propio jaque a formarse" (*ibídem*, p. 90). Además, el movimiento de la cámara, el hacer de cada escena o secuencia un diálogo de discursos citados, hace que la película esté llena de momentos irónicos, verdaderos y auténticos expedientes de deconstrucción interna de cualquier efecto de disimulación de la ficción. La escena que estamos comentando de la ceremonia de vestirse de Orlando, en especial su énfasis en el ceremonial, pone de manifiesto, una vez más, la arbitrariedad y lo prescriptivo del vestuario de forma caricaturizada, insistiendo en la redundancia de los signos.

En la escena siguiente, la ironía sobre la función social del vestuario se lleva al límite: Orlando, arrebujada en su embarazoso vestido adornado de encajes y miriñaque, ha de atravesar un largo pasillo para llegar al salón de corte al que ha sido invitada; durante el recorrido, el movimiento parece hacerse más lento, como efecto de la detención de la cámara en sus movimientos torpes y cohibidos, teniendo la pobre que evitar, como en una carrera de obstáculos, los muebles, que a su vez están cubiertos por telas y aderezos que "se parecen" a su propio vestido. Precisamente ese parecido parece aludir irónicamente al proceso de reificación del cuerpo que el vestuario, con sus efectos tipificadores, produce. Esta alusión metafórica del vestido continúa en la escena sucesiva, en la que Orlando, en un salón rebosante de misoginia, se ve obligada a sentarse sola y casi inmóvil a causa de su embarazoso vestido que ocupa todo un sofá. En esta escena, el vestido representa irónicamente la relación de socialización marcada por el vestido como una relación de roles, relación de poder que implica sumisión y exclusión, produciendo un efecto paródico. Por otra parte, la marcada torpeza de movimientos a la que el vestido obliga al personaje muestra de forma caricaturesca la ambigua función de socialización y exclusión intrínseca, como ya advertía Simmel, de su función de distinción individual, aparte de desenmascarar la incapacidad de contener en su marca de identidad lo que designa. Esta secuencia revela la abstracción y la arbitrariedad de un sistema simbólico que ha elegido lo fútil como expresión del espíritu colectivo o, como dice Barthes, la ambigüedad constitutiva de un sistema vestimentario que ha basado toda su prescripción en lo insignificante y que a través de esa ambigüedad constitutiva carnavaliza los signos que usa (Barthes, 1970, pp. 292-293). En este sentido, el vestuario de moda, con su detallado indicador de un espacio-tiempo socializado, en su efecto postizo, caricaturesco y en contraste con el rostro de un personaje que no cambia en el curso del tiempo y que no se agota en los distintos roles, se convierte en autorreferente, se muestra como "texto-citación" que desenmascara los mecanismos de su mismo lenguaje: por un lado muestra su prescripción totalizadora y, por otro, su arbitrariedad al regular las relaciones entre los cuerpos y, sobre todo, al marcar las diferencias entre "masculino" y "femenino".

La ironía de estas escenas restituye al encuadre lo que Fassbinder llama "su valor de categoría moral" (Wenders, *ibídem*, p. 59), el tomar posición respecto a la realidad, el mirar la realidad desde un cierto punto de vista. De hecho, el efecto del desdoblamiento paródico del sentido canalizado por esos encuadres hace que la cámara se mueva en dos direcciones: por un lado, nos muestra la imagen del objeto que tiene delante y el contenido de verdad que comunica, y por otro lado, con sus efectos paródicos, desenmascara la mirada que hay detrás, la actitud valorativa, hecha de irónica distancia, del sujeto que mira desde fuera. El efecto de este juego de miradas (con frecuencia dirigidas fuera de campo) es el predominio de la dimensión icónica del sentido fílmico, el estar articulado según imágenes-cristal que, al transmitir un cierto sentido, desenmascaran el movimiento generativo (la interacción de las miradas) que las ha producido como imágenes, su organización discursiva, vaciando así los signos de su consistencia semántica y referencial y convirtiéndose en discurso sobre otros discursos. Pero como advierte Louis Marin (Marin, 1971), el desenmascarar el modo de constituirse un discurso a través de reiteraciones paródicas es un procedimiento específico de la imaginación utópica (para mayor información sobre el texto utópico, ver Onorati, 2001, pp. 135-141).

Esta estructura cristalina de la película, que, a través del complejo juego de apariencias, nos presenta continuamente la otra cara inaferrable de la realidad a través de sus "dobles", nos lleva a reflexionar sobre la complejidad de la mirada cinematográfica y, sobre todo, sobre el planteamiento de formas socialmente definidas puestas en acto por la percepción visual, que está regulada por una sintaxis que es social. Orlando es una película que, como dice Eisenstein, no se limita a ofrecernos una representación de la realidad (o de los hechos) sino que, precisamente a través de sus elecciones formales (montaje, encuadres y su organización en secuencias en movimiento), crea en la mente del espectador la "imagen" del hecho, el proceso generativo de construcción del hecho y nos transmite el sentido (Eisenstein, 1985, p. 213 y ss.).

Además, ese desencanto de la superficie, inaugurado por el ambiguo papel del vestuario, hace que el cuerpo no sea la verdad última, el límite natural de una relación simbólica entre individuo y mundo exterior, ni el vestido un mero aparato regulador capaz de establecer un sistema cerrado de correspondencias entre la apariencia exterior y el orden social. El cuerpo es, más bien, una realidad sui generis, superficie inscrita ya marcada por la diferencia, principio de indeterminación, juego de máscaras, al ser otro respecto a las coordinadas espacio-temporales de la conciencia y a sus proyecciones. Esto quiere decir la posibilidad del cuerpo de exceder, de transitar, de ser *a-topos*, de ser otro, de abjurar del significado, del sentido codificado, y, así, introducir siempre sentidos nuevos. El cuerpo no es simplemente "signo", sino "escritura", cuerpo que en sus infinitas aperturas, en su temporalidad irresuelta (Orlando vive cuatro siglos sin envejecer), en la confusión de sus signos (andrógino, hombre y mujer), en sus incontenibles excesos, está ungido por esa "función utópica" que para Barthes es propia de la escritura, de los excesos que conforman el lenguaje, a través de un juego infinito de referencias, al producir sentido (Barthes, 1981, p. 19).

Por otra parte, la "materialidad semiótica" del "cuerpo-escritura" de Orlando, su irreductibilidad a cualquier tentativo temático, está confirmada por su refracción a la mirada directa; de hecho, su cuerpo aparece mostrado íntegramente desnudo solo en una escena que lo toma reflejado en un espejo tras haber sufrido la metamorfosis sexual. Imagen-cristal por excelencia, es la única escena en la que ese cuerpo imposible, que impresiona a causa de sus excesos y de sus transformaciones, nos es mostrado enteramente. Esa escena presenta más de lo que representa, exhibiendo sincrónicamente, con una extraordinaria cristalización semántica, a los múltiples Orlandos reunidos en un único rostro y un único cuerpo. Ese cuerpo reflejado, ahora inequívocamente femenino, no se deja, de todas formas, captar en su realidad, sino en su doble especular, dejando translucir en el movimiento de su vida presente el recuerdo del otro, que, a pesar de la metamorfosis, se percibe como pasado aunque todavía no acabado; pues, como advierte Deleuze, "la imagen en el espejo es virtual en relación al personaje real que el espejo capta, pero es real en el espejo que deja al personaje sólo una simple virtualidad y que lo empuja fuera" (Deleuze, *ibídem*, p. 84). Así pues, la imagen en el espejo nos presenta ese cuerpo como realidad y virtualidad contractas, como ambivalencia de identidad y alteridad de un cuerpo que, único en su metamorfosis, estructurado en la sucesión de sus apariencias, incluso en su integridad, no será nunca un cuerpo "desnudo" sino un cuerpo "revestido" por el reflejo de sus disfraces y por la ambigüedad que lo habitan.

La imagen en el espejo se eleva pues a una ulterior representación de la alteridad irreducible de esta figura utópica que, sustrayéndose a la toma directa, se da solamente sobrepasando el pensamiento objetivador. La irreductibilidad de ese cuerpo a la mirada directa pone en función una subversión respecto a un horizonte de sentido construido sobre el poder identificador y normativo del lenguaje. La aparente desnudez de Orlando, reflejada en el espejo y refractaria a la mirada directa, parece decirnos que "el cuerpo es una continua impugnación del privilegio atribuido a la conciencia de darle sentido a todo. El cuerpo vive en cuanto es esa impugnación" (Lévinas, 1995, p. 130). La metamorfosis sexual, que no nos viene contada sino mostrada al espejo, inaugura el recorrido de Orlando hacia un mundo de libertad que se da como imposibilidad ontológica, porque no pasa por el modo tautológico de la identidad, sino todo lo contrario, la pone en jaque. Orlando va hacia lo que podríamos definir con Lévinas "liberación anárquica" que "se revela en la desigualdad de sí mismo" y que se da como "vulnerabilidad de lo sensible", como sentir "*al otro en mí*" (Lévinas, 1983, p. 157).

A través de la metamorfosis sexual que afecta a su cuerpo, aunque dejando inalterado su rostro, Orlando inicia un recorrido existencial fundado en la percepción diferente de la realidad, una percepción vivida desde dentro, con vivencias que no se agotan en las categorías de un sujeto universal y abstracto. Las obstinaciones de su cuerpo inauguran para Orlando un recorrido que va del "masculino" al "femenino" y del "femenino" al "materno", que pueden ser interpretadas como el paso del tiempo de la afirmación de sí mismo (un tiempo masculino, productivo) al de la percepción de sí mismo (tiempo de la interioridad, de sentir el propio cuerpo desde dentro).

Ese cuerpo que no se consume en el género, en el tiempo, en los roles, habla de su ambivalencia y de su desconcierto, habla del juego de sus ficciones, de su irreductibilidad a un proyecto; de hecho, la travesía del tiempo por parte de Orlando se presenta en la película como un juego de máscaras, elevándose, una vez más, a metáfora de ser un cuerpo en tránsito que vive el tiempo del "descenso" de las jerarquías, del cambio de roles, tiempo de la "no oficialidad", en el que es posible disfrazarse, transformarse, sin encadenarse al ser. Orlando vive ese tiempo de carnaval, de infinita posibilidad de cambio, que el vestuario concede a un cuerpo que se presenta ya él mismo como ironía de las formas, principio de indeterminación, juego de referencias a infinitas superficies; todo esto lo descubrimos en la secuencia en que, ya mujer, privada de sus privilegios de casta a causa de su ambigüedad sexual (escándalo al que ni siquiera ha tratado de poner remedio con un matrimonio reparador) y expulsada a los márgenes de ese marco al que el *habitus* ha tratado de vincularla en vano, se pone a correr a través del jardín de su residencia. Durante esa carrera fatigosa, el vestido de Orlando cambia de improviso, y su estilo, una vez más, funciona como indicador de que el tiempo ha pasado; agotada, Orlando se deja caer bajo una lluvia ininterrumpida y se declara "esposa de la naturaleza" y en esta declaración no leemos una abstracta oposición entre naturaleza y cultura, sino entre auténtico y falso. La naturalidad de Orlando se encuentra, paradójicamente, precisamente en lo que es más innatural, su resistencia al paso del tiempo, que es la expresión de su resistencia a los roles socialmente prescritos e institucionalizados. Su naturalidad está en la capacidad de vivir en una temporalidad en la que la muerte es renacimiento, la temporalidad constitutiva de las estructuras diacrónicas del lenguaje mismo, de la relación entre vida y muerte como lucha entre lo nuevo y lo viejo, conservación y resistencia, que es el fundamento de la imperfección semántica. Por eso, la caída de Orlando se puede interpretar una vez más como ceremonia de "descenso", de la prometida renovación de la vuelta a la tierra, promesa fecunda de un "sentido por venir". No por casualidad, la carrera es el preludio de la experiencia crucial que transformará las incoherencias y las paradojas de su existencia en libertad "individual" y femenina: es la experiencia de la seducción, del enamoramiento, del erotismo, de la sexualidad, del embarazo, es decir, de todas esas formas de la relación entre los cuerpos que nos hablan del tiempo del cuerpo en relación con los otros, tiempo de la interioridad, de las relaciones corporales y del placer, que interrumpe ese otro tiempo socializado y productivo, marcado por los "indicadores de roles", tiempo sólo de un sujeto universal y abstracto.

El unisex y el juego del travestismo: la moda como "utópica" de una identidad fuera de roles

En la última parte, el sentido fílmico viene confiado, una vez más, a las estrategias de rodaje y a la obra de "composición plástica" que, como señala Eisenstein, es el montaje (Eisenstein, *ob. cit.*, p. 170 y ss.), y a los efectos irónicos determinados por la relación cada vez más ambigua, pero cada vez menos estridente, entre vestuario y cuerpo. Por otra parte, a esta altura de la historia, Orlando ha realizado la experiencia de la diferencia a través de su propia vida, "escribiendo", con sus vivencias de *Leib* marcadas por la diferencia e irreducibles a las categorías fijadas en base a un sujeto universal y abstracto, el distanciamiento del orden simbólico riguroso y normativo, y no es casual si en este estadio de su existencia, caracterizada por una total extralocalidad, vuelve a la escritura. De hecho, Orlando al final se reconoce mujer, aunque a este conocimiento no haya llegado a través de la realización de un rol socialmente prescrito sino a través de un saber erotizado que pasa por sentir el cuerpo (enamoramiento, sexo, embarazo).

Esta duplicación de la mirada –a la que nos han inducido las imágenes-cristal y, en general, un montaje centrado todo en las "insistencias", que ha tratado de sustraer el sentido fílmico a cualquier "consistencia" anecdótica, haciéndolo deslizarse continuamente del plano simbólico-literal de la representación al metafórico de la figuración– se convierte, en esta parte final, en movimiento interpretativo dominante. En esta perspectiva de "ver doble", incluso la relación vestuario-cuerpo se connota de una ambigüedad que va más allá del plano de la contradicción exhibida y mantenida, la ambigüedad del cuerpo revestido se configura a la vez como sujeto de enunciación y objeto de representación. En la última parte de la película, de hecho, la relación semántica entre vestuario y cuerpo cambia, no en vano está ambientada en los tiempos modernos, es decir, en una época en la que el vestir, de sistema simbólico capaz de marcar firmemente, a través de la rigidez del vestuario, el papel y la colocación social del individuo en su medio, se ha traducido en un sistema de reglas vestimentarias regulado por el principio de innovación continua, de lo efímero, de la infidelidad a sí mismo, del juego del travestismo, visto el continuo cambio que el vestuario da al cuerpo, convirtiéndose en arquitectura de ese cuerpo, a la vez principio de enunciación y de indeterminación.

En la escena final, Orlando viste ropa unisex. Aquí el unisex no es un simple "condensador social", obviamente es el resultado de una nueva configuración social de la realidad, índice de emancipación en las relaciones entre los sexos, de desaparición de barreras instituidas por un saber machista, estructurado en masculino pero con pretensiones universales, y es también el signo más complejo de ese camuflaje de los roles sexuales que precisamente la moda ha inaugurado, sancionando definitivamente al cuerpo como desnudez imposible, como juego de superficies, ironía de las formas, desencanto de la apariencia. Así pues, el significado social del vestuario de Orlando en la última parte de la película está en su desdoblamiento, en representarse como signo de ese complejo sistema de la moda que, como hemos visto, ironizando sobre la arbitrariedad que se encuentra en el origen de su pretensión prescriptiva al definir los roles y, sobre todo, al levantar barreras entre "masculino" y "femenino", se ha convertido él mismo en "juego del travestismo". Juego llevado por el movimiento de la cámara y exhibido por la elección de los encuadres. Tomemos la escena en la que Orlando, sentada en un sofá en el estudio de un posible editor de su obra, lleva ropa unisex. Es imposible distinguir su género sexual hasta que la cámara no la toma de espaldas mostrándonos su peinado (una trenza). Resulta evidente, en esa escena, ese juego de miradas sobre el que está construido el sentido fílmico, que se nos presenta ahora como brillante diálogo entre personaje, actriz, directora y espectador/a y, por lo tanto, irreducible al sentido representado: la imagen representada representa a su vez, se da como respuesta interpretativa a una mirada interrogativa externa, la de un/a espectador/a llamado/a una vez más a cooperar, haciendo de la película una obra abierta, una interrogación sin fin.

Además, el vestuario unisex, representando lo ambiguo, la suspensión de los roles, manteniendo la diferencia entre la marca y la no-marca, se auto-cita, representando su ambigua y contradictoria relación con ese cuerpo que no se ha dejado aprisionar en "corsés de contención". El unisex funciona como imagen de la irreductibilidad del cuerpo al rol, del "sentido" al "significado"; de hecho, suspendiendo las connotaciones de género, se da lugar a las connotaciones "utópicas", a las transformaciones del cuerpo que precisamente el vestuario no ha podido contener, pero de las que eran el único rasgo reconocible. En la ambigüedad de Orlando, en esa secuencia enfatizada por el vestuario unisex, leemos el rasgo distintivo de los signos utópicos: utopía como deseo de una relación de sentido que instituya una sociabilidad auténtica, que no pase por mediaciones de identidad (Abensour, *ob. cit.*, p. 479). El vestuario, en esa escena, ya no es "espacio de sociabilidad", signo de una relación de roles entre individuo y sociedad, al contrario, es el signo de una relación con el mundo hecha de soledad esencial, de irreductibilidad, que, paradójicamente, es la condición para abrirse incondicionalmente al mundo, condición para el cuerpo de ofrecerse "por sí mismo", estableciendo conexiones de sentido irreducibles a la relación de poder conciencia/mundo.

Llegamos a la última escena en la que Orlando, sentada bajo una encina y absorta mirando a un ángel suspendido en el cielo, es filmada por su hija que corre hacia ella con una videocámara. Esta escena, otra imagen-cristal, es una citación de la escena inicial en la que Orlando, paje y hombre de corte, estaba sentado bajo una encina tratando de escribir. Esta escena confiere a la película una estructura circular, obligando a todo el edificio alzado por la ficción a desdoblarse entre el plano de la representación de los hechos narrados y el plano de la figuración de sus mismos mecanismos narrativos, abriendo indefinidamente el sentido textual y haciendo que se mueva a distintos niveles. Esa escena, si por un lado ayuda a desplegar el tiempo lineal del argumento, por otro, rompe esa misma linealidad instituyendo un tiempo extático, circular, en el que no hay desarrollo, progreso, sino sólo pasajes, transformaciones, repeticiones marcadas por factores de diferencia irreducible. Esas aperturas internas al texto tienen lugar según una lógica de imperfectas simetrías que con Lotman podemos definir "enantiomorfas", lógica asimétrica hecha de imágenes especulares, parecidas e irreducibles una a otra, pues están marcadas por la diferencia, y en las que Lotman entrevé el presupuesto para cualquier forma de diálogo (Lotman, 1985, pp. 70-82).

En esta parte final, la mirada que representa y es representada es la de Orlando, mirada que no pertenece a la vida sino que, como nos demuestran las numerosas miradas fuera de campo hacia la cámara y hacia un espectador implícito, es la mirada modelizadora del cine que, una vez más, nos muestra el acto de ver como un acto de lenguaje regulado por una sintaxis interna y, por lo tanto, como sistema de construcción simbólica de formas socialmente definidas. La escena, y con ella la película, acaba con un encuadre que se detiene en el rostro de Orlando, en su mirada distraída y dirigida una vez más hacia el espectador, casi invocándolo una vez más, como sujeto activo del diálogo abierto que es la película, a poner él mismo el punto final a esta historia sin fin. Ese rostro "ambiguo" que se resiste al paso del tiempo, a la marca de género (la que viene impuesta por el nombre, el vestuario, etc.), se convierte en signo de la utopía, lugar de la contradicción ilimitada, de la polémica sin fin de un significante que no se consume en la plenitud del significado, de un signo inmovilizado en su posibilidad de resistencia a los intentos de definición del lenguaje; el rostro de Orlando es un signo que no pertenece al "mundo", una especie de "neutro plural" (Marin, *ob. cit.* pp. 15-50) de un sentido que no ha sido aún congelado en el estereotipo, ocupando la distancia, el descarte entre la marca y la no-marca, entre lo verdadero y lo falso, entre lo posible y lo imposible, espacio en el que la diferencia ni se anula en la síntesis ni está sometida a las categorías universales y abstractas de la razón.

Escritura de lo imposible, la historia de Orlando es un modo de ver las cosas del mundo desde un punto de vista "diferente"; lo extra-ordinario, lo que hace que su historia sea irreducible al proceso de reproducción de un orden simbólico o de un sistema ideológico, es ajeno/a a cualquier horizonte posible, se presenta como posibilidad para asumir una visión unitaria de la realidad mirándola desde fuera, separándose críticamente del propio contexto ideológico, de la propia identidad normativa y estandarizada. Orlando, su rostro "indiferente", su cuerpo "tra-vestido", incluso cuando está desnudo, son una metáfora de la trascendencia de sentido que nos habita en cuanto humanos, que conforma nuestro lenguaje, que es del cuerpo, ese cuerpo irreducible a la cerrazón del ego y a los proyectos de la conciencia, cuerpo "anárquico" y obstinado que, como sostiene Ponzio "sabe antes de ser sabido, siente antes de ser sentido, vive antes de ser vivido" (Ponzio, Pranzo, 1995, p. 46). Su "cuerpo en tránsito", suspendido en los límites, nos dice que el lenguaje no es sólo principio de identificación, instrumento normativo que regula y define la relación de sentido entre el ser humano y su realidad, sino también principio de indeterminación, que, para poder individuar, tiene necesariamente que "desplazarse", diferenciarse, remitir a otra cosa. La imposibilidad es entonces, paradójicamente, condición para la posibilidad de una continua desacralización e invención de sentido, configurándose como un juego de referencias a un ausente, como posibilidad de profanar, invertir, negar los códigos, los significados prescritos, los roles y las ideologías, dando lugar a la creación de espacios y tiempos extra-ordinarios en los que subsisten sentidos que no son los del "mundo": es la "utopía", y pensar lo utópico es la libertad de ser "de otra manera".

La ambigüedad y lo atemporal interpretado por Tilda Swinton en la película Orlando de Sally Potter.

V. Cuerpo y escritura en *The pillow book* de Peter Greenaway

Francesca De Ruggieri

Sinopsis

Kioto. Años setenta. Es el cumpleaños de la pequeña Nagiko y su padre le dibuja en la cara un pequeño poema de felicitación. Su tía, sin embargo, le lee las páginas del diario íntimo de la cortesana Sei Shonagon, que había vivido en el siglo X, y la invita a escribir a su vez un diario cuando sea mayor. Esta tradición se renueva hasta que cumple dieciocho años, hasta que Nagiko se casa con el nieto del editor de su padre, un hombre obtuso que no comparte su interés por la literatura. Nagiko lo abandona y se va a Hong Kong donde trabaja en una casa de moda. Trata de renovar la tradición paterna buscando amantes que sean buenos calígrafos y que le escriban sobre el cuerpo. Una noche encuentra a un traductor inglés, Jerome, que la invita a no ofrecer su cuerpo sino a escribir sobre el cuerpo masculino. Nagiko decide convertirse en escritora y publicar un libro escrito en trece capítulos sobre trece cuerpos. El editor es el mismo de su padre, pero es también el amante de Jerome. Nagiko está celosa y rechaza al joven inglés que, desesperado, se suicida. Del cuerpo muerto de Jerome, el editor imprime un diario íntimo. Para recuperarlo, Nagiko ofrece a cambio los últimos capítulos de su libro. Con el capítulo trece y con la muerte del editor, el diario vuelve a Nagiko que lo guarda bajo un bonsái, en Japón, donde mientras tanto ha tenido una hija. La tradición caligráfica continúa: cada cumpleaños la pequeña recibirá su felicitación sobre el rostro.

Cuerpo y escritura

El motivo dominante de *The pillow book* de Peter Greenaway (1995) es la estrecha relación entre cuerpo y escritura, entre cuerpo y prácticas no funcionales como la literatura y como el eros. La escritura es el lugar donde es posible cualquier práctica no finalizada al conocimiento. Se trata de una escritura sin finalidad, intransitiva (Barthes, 1972, pp. 120-128), en la que el autor no se adhiere a la propia palabra, pero la pone en escena, la representa, la objetiva. La escritura es el lugar de la significación, del derroche, de la excedencia de significado; por eso también el lenguaje cinematográfico, en cuanto forma de escritura, funda su propio movimiento en la significación; mejor dicho, hace más visible que los demás el movimiento de la significación: las imágenes fílmicas son materiales, tienen un cuerpo que impide al espectador asimilarlas y reconducirlas al autor. Son imágenes objetivadas, autónomas, abiertas a innumerables recorridos interpretativos.

La escritura es un procedimiento de modelación especie-específica de los seres humanos con el que se puede organizar espacialmente y temporalmente lo vivido, con el que se pueden construir nuevos mundos posibles, nuevos recorridos significativos (cfr. Ponzio, Calefato, Petrilli, 1994). El carácter de escritura puede hallarse donde quiera que haya en acto prácticas no funcionales, sin finalidad, indiferentes al conocimiento. Está presente donde quiera que se dé lo propiamente humano, entendido como excedencia, como derroche, como juego: en la literatura, en el cine, en la fotografía, en la danza, en la pintura, en la música y, en general, en cualquier actividad estética, incluida la original e intelectual forma de *body painting* que caracteriza la historia de Nagiko. El resto, según la acepción de Barthes, es trascripción.

A través de la práctica erótica de la escritura sobre el cuerpo, Greenaway pone el acento en la escritura manual, en la caligrafía de los ideogramas japoneses, escritos sobre los cuerpos de los protagonistas y proyectados en la pantalla, la página blanca que el director impresiona con signos e imágenes. Todos los acontecimientos son escritos antes de ser contados. La elección de los ideogramas japoneses no es casual:

> La historia de la caligrafía japonesa es también la historia de la pintura japonesa. Imagen y texto son una cosa sola. El texto se lee a través de la imagen y la imagen se ve a través del texto –muy probablemente un modelo ideal para el cine, si se considera la difícil relación entre texto e imagen que el cine trata de cimentar–. (Tovey, 1996)

Sergei Eisenstein (1963-1970a, pp. 3-5) también había observado cómo el montaje era el elemento originario de la cultura figurativa japonesa: de la combinación de dos jeroglíficos nace el concepto, que no podría representarse de otra manera. Del mismo modo, el montaje pone en relación dos fotogramas que sólo así pueden convertirse en escritura: el pensamiento por imágenes, gracias al montaje, se convierte en pensamiento conceptual.

El ideograma japonés evidencia muy bien la materialidad del lenguaje, la autonomía del "decir" respecto a "lo dicho", poniendo el acento sobre el poder lírico y evocador de las palabras, más que sobre su significado literal: "La palabra que indica la lluvia debería mojar, la palabra que indica el humo debería flotar". Por el lirismo de los ideogramas, Nagiko acaba confundiendo caligrafía y escritura y acusa a Jerome, su amante, escritor y traductor, de no ser un auténtico escritor, sino un escribano, porque no es un buen calígrafo.

El componente fetichista del uso del cuerpo como superficie sobre la que trazar palabras e ideogramas recorre toda la historia de Nagiko. Desde su infancia, cada cumpleaños su padre le dibuja en la cara ideogramas de buen auspicio: "Cuando Dios creó la primera imagen de arcilla de un ser humano / le dibujó los ojos, los labios y el sexo / después dibujó el nombre de cada persona / para que su poseedor no pudiera olvidarlo nunca. / Si Dios estaba satisfecho de Su creación / daba vida a la imagen de arcilla dibujada / firmándola con Su propio nombre".

Una vez cumplidos los dieciocho años, la tradición cesa dramáticamente porque el hombre con el que Nagiko se casó rehusó trazar en su rostro su felicitación caligráfica; Nagiko decide entonces hacerlo ella sola, se nombra ella sola afirmando su propia autonomía, la ruptura con el orden paterno. De hecho, el pequeño poema de buen auspicio no era más que una forma de nominación, es decir, el modo –transmitido por el padre– de poner a Nagiko en relación con el mundo y con el lenguaje que lo representa (Calefato, 1996b, p. 20). Como escribe Laura Mulvey (1978), la cultura patriarcal se funda en el dominio del lenguaje por parte del hombre que impone a la mujer una imagen silenciosa y portadora de significado. Nagiko, sin embargo, trata de llegar a ser la "creadora" del propio significado, sustrayéndose a la autoridad masculina que la firmaba y tratando de renovar el antiguo ritual a través de la elección de amantes que sean hábiles calígrafos, transformando la práctica de la escritura en práctica de placer. La carne viva usada como papel. En *The pillow book*, el olor del papel se compara con el olor de la piel; el olor de la tinta al olor del pelo mojado; la pluma al instrumento del placer. La metáfora que recorre toda la película es precisamente el uso del cuerpo como un libro, leer un cuerpo "como si fuera un libro abierto". "*Treat me like the page of a book*", le pide Jerome a Nagiko, invitándola a ser la pluma y no el papel.

Si en la película el cuerpo es libro en cuanto superficie para la escritura, en cuanto espacio en el que organizar la escritura, como el papel, la pantalla del ordenador, la tablas de arcillas, el rollo de papiro, etc., en la realidad el cuerpo es libro en cuanto recoge y manifiesta los signos de toda una vida: las arrugas, las cicatrices, cuentan una historia del cuerpo, son los ideogramas del cuerpo convertido en texto. El cuerpo humano, entendido como *Körper*, como cuerpo fisiológico, representa una estructura significante autónoma con códigos propios y produce signos que pueden ser leídos por el sujeto y por el mismo cuerpo, como los síntomas (Sebeok, 1986) o como los signos incisos por el tiempos: arrugas, cicatrices, manchas (Rich, 1985). Aunque no hayan sido producidos intencionalmente por el cuerpo para comunicar, esos signos hablan. A veces en base a convenciones, si, en vez de ser leídos directamente por el cuerpo, son leídos por un observador externo (el médico, por ejemplo); en ambos casos, la capacidad del cuerpo de semiotizarse depende precisamente de la presencia de un observador, de un tercer elemento mediador entre signo y significado. El cuerpo, pues, habla por su misma estructura, habla aún antes de que el sujeto al que está ligado tome conciencia; y habla esencialmente de su alteridad, de su no poder ser asimilado, de su resistencia a la igualdad impuesta por la conciencia propia o ajena. No se trata del cuerpo individual, es decir, del cuerpo aislado, del cuerpo que se delinea respecto a una identidad o a una diferencia de género, del cuerpo intercambiable; ni se trata del cuerpo físico: el cuerpo que resiste es el cuerpo viviente, el *Leib*, el cuerpo calado en su relación con los otros, el cuerpo en su singularidad y autonomía. Es un cuerpo que traiciona al sujeto, desvela su desnudez, como dice Emmanuel Lévinas, una desnudez que el sujeto se apresura a cubrir, pero que emerge en la timidez por ejemplo, o sea, en la incapacidad de cubrir la propia desnudez de la que se avergüenza. El cuerpo conserva un residuo, una materialidad física, continúa desempeñando funciones no sígnicas, que se revelan en no saber qué hacer con los brazos o con las piernas (Lévinas, 1935, pp. 85-86).

El cuerpo en el cine

Ese cuerpo resistente es el que encontramos en la pantalla cinematográfica: aparte del uso semiótico del cuerpo del actor, del cuerpo encerrado en un papel, está la alteridad del cuerpo autónomo respecto al sujeto. Éste es el residuo que se encuentra en los textos fílmicos, muy distinto del residuo extra sígnico que tiende a crear una separación entre cuerpo y signo. Es el cuerpo en su materialidad, en su absoluta alteridad; es el cuerpo vivido como un estorbo de sí el que nos hace sentirnos incómodos.

El cine es el arte que más necesita la exhibición del cuerpo. Principalmente, está comprometido con la corporeidad en cuanto audiovisual, o sea, en cuanto sistema significante definido no en base a sus características, sino en base a los sentidos humanos implicados en el intercambio comunicativo: la vista y el oído (Bettetini, comunicación personal). Además, el cuerpo del actor se expone, a lo largo del tiempo y en lugares diferentes, a destinatarios desconocidos; en cada película vive nuevas vidas, no sólo porque el actor-hombre interpreta papeles nuevos, sino también porque el cuerpo del actor –incluso en la misma película en distintas proyecciones– entra en relación con múltiples destinatarios que lo interpretan según el contexto histórico, cultural, social e ideológico. El cuerpo del actor está, por eso, bloqueado en el eterno presente de la imagen fílmica, pero se renueva continuamente, se hace continuamente autónomo del sujeto, como el personaje del explorador en *La rosa púrpura del Cairo* de Woody Allen, (1985), que se hace tan autónomo del actor que lo interpreta, que baja de la pantalla para vivir una vida propia.

El texto fílmico es el lugar en el que, más que en cualquier otro medio, el cuerpo humano como "residuo" extra sígnico se reviste de función semiótica y se convierte en signo no verbal. A pesar de todo, el cuerpo, en el proceso semiótico, permanece siempre un cuerpo dotado de materialidad física, aparte de materialidad semiótica; es el producto de interacciones sociales que, inevitablemente, se relaciona con el cuerpo antropológico, el cuerpo biológico, importante dentro del aparato cinematográfico. El cine, en cuanto tecnología de escritura, forma parte de las producciones lingüísticas y comunicativas, fruto de programación ideológica, de programas de poder, de programas político-económicos; el cine, dice Teresa de Laurentis, es una tecnología social que, a través de relaciones sociales, produce el cuerpo determinado históricamente, ideológicamente y socialmente: en una palabra, el género, si por género entendemos "los efectos de sentido y las auto-representaciones producidas en el sujeto por las prácticas socioculturales, por los discursos y por las instituciones dedicadas a la producción de hombres y mujeres" (De Laurentis, 1996, p. 153).

En el cine, el cuerpo se presenta frecuentemente fragmentado en partes, en gestos, en esbozos, aunque el resultado final es siempre la imagen total del ser humano. Esta fragmentación es más evidente en películas –como en *The Pillow Book*– en las que se resaltan algunas partes del cuerpo (Heath, 1981, pp. 183-184). Cuando es el cuerpo de la mujer el que se fragmenta, dice Stephen Heath, el resultado final es un cuerpo ideal, es la imagen de la mujer única como primer valor de cambio de la película (*ib.*, p. 186). El cuerpo de Nagiko es "trabajado" no sólo por la escritura, sino también por las técnicas cinematográficas (montaje e iluminación sobre todo) que reflejan la mirada; se convierte por tanto en "imagen narrativa", o sea, unión de imagen e historia, lugar primario del placer visual, es la conclusión del trabajo de las miradas multiplicadas (*ibídem*). En realidad, *The Pillow Book* realiza la sinestesia de la que habla Patrizia Calefato (1997, pp. 137-138): no hay sólo el placer visual –derivado de la lectura-visión de palabras e imágenes– sino también el placer derivado de la tactilidad: escribir sobre cuerpos como práctica erótica y estética; la sexualidad vivida como un encuentro con el otro que se manifiesta en la escritura. El tacto es, entre los sentidos, el que más media, en el sentido de que pone en relación los cuerpos con los objetos (Fabbri, comunicación personal). El placer táctil, en el cine, implica pues la presencia activa del espectador que participa en el intercambio comunicativo con todo el cuerpo, con sus propios sentidos, con su propia capacidad de percepción. No sólo con el propio cuerpo físico, sino también con el cuerpo como construcción histórico-social. La crítica cinematográfica feminista, por ejemplo, ha pensado en la relación que mantiene el espectador como una relación in-generada: el texto fílmico se dirige al espectador con modos relacionados a su género (De Laurentis, 1996, p. 13), entendido como construcción sociocultural que se produce sobre el cuerpo. Por eso no es posible excluir la corporeidad en la relación texto-espectador/espectadora.

No sólo el cuerpo de Nagiko, sino sobre todo el cuerpo de Jerome, del amante, viene seccionado por el ojo de la cámara. Barthes sostiene que la observación minuciosa de las partes fraccionadas del cuerpo amado en su quietud no es más que la fetichización de un muerto, pues apenas ese cuerpo se mueve, el deseo vuelve a concentrarse en un todo (Barthes, 1977, p. 61). Se trata del mismo movimiento de cadaverización que Walter Benjamin (1982, pp. 124-126) encontraba en la moda, "sex-appeal de lo inorgánico", o sea, de un cuerpo convertido en mercancía. Lo que hace un fetiche del cuerpo muerto de Jerome, escrito, tallado, seccionado por la cámara y por la mano del editor, reificado para convertirse en libro, es exactamente el mismo proceso con el que la moda transforma el cuerpo en mercancía: el poder místico de la mercancía depende, de hecho, de la transformación en objeto de una actividad humana hasta su completa autonomía (Ponzio, Calefato, Petrilli, 1994, pp. 217-218).

Cuerpo y revestimiento

El vestir es una forma de lenguaje no verbal que se manifiesta a través del cuerpo y del que la moda es el sistema sígnico (Calefato, 1996a). En la relación con la moda, el cuerpo se hace texto, representa el soporte sensible, plástico y plasmable que la moda vuelve a semantizar. La escritura del cuerpo, pues, representa todas las variables de la transformación de la plasticidad corpórea (Carvalho, Cunha, comunicación personal), las disposiciones semánticas e hipertextuales de los signos del cuerpo revestido (Calefato, 1997, p. 87).

El cuerpo revestido, con ropa o escritura, representa un lugar en el que el cuerpo se hace escritura, una categoría semiótica con la que el sujeto realiza su estar en el mundo y su forma de presentarse, pero también sus otras posibilidades de ser: la ropa, de hecho, permite al cuerpo imaginarse de otra manera (Calefato, 1995), permite al cuerpo imaginarse otros mundos posibles. El revestimiento es, pues, un proceso imaginativo y semiótico, un proyecto de modelación y de transformación del cuerpo calado en el contexto social, en la relación con otros cuerpos (*ibídem)*. El cuerpo fisiológico, de todas formas, representa el límite material para la semiotización: los signos de la moda no pueden ir más allá del cuerpo sino que han de tener en cuenta su espacio (Enninger, 1985). Incluso cuando la ropa llena un vacío –como en el caso del cuello del vestido isabelino, finalizado a crear una parte del cuerpo que no existe– el punto de partida es siempre el cuerpo, entendido como elemento invariable, de continuidad, alrededor del cual se articulan los cambios rápidos, imprevisibles y arbitrarios de la moda (Pozzato, comunicación personal).

Si por un lado la moda responde a la exigencia de uniformar el sujeto a los gustos, a las tendencias, al comportamiento de su grupo social, por otro lado representa la tendencia a la diferenciación, al cambio, a la consecución de un propio modo de vida (Simmel, 1895). Esto hace de la moda un fenómeno cultural si, con Juri Lotman (1972-1978), individuamos en la cultura una doble tensión: la tendencia a la diversificación (de lenguajes, de mensajes, de modelos) y la tendencia a la uniformidad. La dialéctica entre social e individual que caracteriza a la moda se puede ver claramente en el cuerpo revestido: puede significar pertenencia, pero sin negar nunca su propia autonomía y unicidad. Único es el cuerpo marcado de Nagiko, único el auspicio de cumpleaños.

La escritura de Nagiko es una forma de vestido, reviste y plasma el cuerpo en su materialidad física: no se trata de escritura sobre el cuerpo biológico, sobre el "cuerpo individual", sobre el cuerpo aislado que se perfila respecto a una identidad o a una diferencia de género, sobre el cuerpo intercambiable; se trata, por el contrario, de marcar el cuerpo viviente calado en sus relaciones con otros cuerpos, el cuerpo en su singularidad y autonomía, el cuerpo con su historia. La función semiótica de la ropa y del *body painting* es parecida, porque la escritura de Nagiko –a diferencia de los tatuajes tradicionales– es reversible, se lava y desaparece como si nos quitáramos un vestido. Estamos en el campo de la moda textual, o sea, del lugar en el que el cuerpo se envuelve de textualidad. La relación entre moda y texto, subraya Claude Gandelman (en Calefato, 1992), se manifiesta no sólo cuando el texto se incorpora a la ropa (las camisetas escritas, por ejemplo), sino también porque el lenguaje de la moda hace uso de las letras (*T-shirt*, por ejemplo). La palabra, en el cuerpo de Nagiko, se hace imagen, llevándonos así de lo legible a lo visible (Gelas, en Calefato 1992): la densa trama de ideogramas no hace más que celar y mostrar, al mismo tiempo, el cuerpo como lugar de placer visivo.

Las primeras imágenes en color de la película nos muestran un desfile de moda, comentado en las páginas de *The pillow book*, en el que se describe a la emperatriz vestida de seda china, creando en el espectador el sentido de continuidad entre Nagiko, mujer del siglo XX, y las cortesanas del siglo X. Una continuidad hecha posible por la escritura, literaria y vestimentaria, entendida como un mecanismo universal de modelación del mundo. La relación entre vestido y escritura del cuerpo encuentra ulterior confirmación en el hecho de que Nagiko trabaja como modelo, ofrece su cuerpo a prácticas de significación análogas a las de la escritura verbal. De todas formas, si el cuerpo de la modelo representa un lugar de intercambio, es serial y reproducible como el producto (Benjamin, 1955), el cuerpo escrito afirma su unicidad. El cuerpo de Nagiko modelo es un cuerpo sustituible; sobre él se ejercita la paradoja estructural de la moda analizada por Barthes

(1967, pp. 260-261): por una parte, es abstracto, *langue* –según la dicotomía saussuriana–; por otra, es un cuerpo individual, *parole*. De ahí deriva una generalidad y una desaprobación del cuerpo que cesa cuando Nagiko se quita los vestidos de la pasarela y se reviste de escritura.

Estimulada por Jerome, Nagiko no se limita a ofrecer su cuerpo como espacio de la escritura sino que a su vez escribe sobre el cuerpo del amante, llevando así la relación de alteridad de los cuerpos a nivel de la relación de escritura. El cuerpo, pues, no sólo como espacio en el que se desarrolla la relación erótica sino también como el espacio donde se desarrolla la relación de la escritura. El libro que Nagiko trata de publicar está escrito en los cuerpos de los hombres que también hacen de mensajeros para el editor. Trece capítulos escritos sobre trece cuerpos (¡la obsesión de Greenaway por los números!): el primero es el de su amado Jerome. El sexto es el libro del amante, escrito sobre el cuerpo sin vida de Jerome. Casi representando la metáfora del cuerpo como libro, el editor-amante de Jerome consigue hurtar el cadáver y hace de él su diario íntimo: corta, incide, une. La piel no es ya una metáfora del papel sino papel de verdad: el cuerpo de Jerome se convierte en un libro.

Sorprende en esta película que los cuerpos masculinos revestidos no estén caracterizados por ropa que determine el género. Los hombres, desnudos de sus ropas, muestran su cuerpo –evitando con frecuencia la retórica de la belleza– como superficie de escritura tal y como lo era el cuerpo de Nagiko. No se trata tanto de una desexualización operada por la escritura como indumentaria, cuanto del hecho de que el revestimiento, aquí, deja de ser índice de dominio físico y social (Calefato, 1997, p. 92) y tiende a crear una relación fuerte entre cuerpo e indumentaria. Indumentaria "de escritura" que nos revela el cuerpo más allá del género. Los versos auspiciosos en el rostro de Nagiko o los trece capítulos escritos sobre trece cuerpos masculinos nos dicen siempre algo sobre el cuerpo revestido, nos hablan de su singularidad, de su manera especial de estar en el mundo. "El libro del idiota", "El libro del exhibicionista", "El libro del amant"e, "El libro de la juventud", "El libro de la muerte" y todos los demás están trazados sobre cuerpos que representan con su vida lo que está escrito. Hay pues, "indistinción entre revestimiento e imagen" (Ponzio, Calefato, Petrilli, 1994, p. 219). Los cuerpos masculinos revestidos de escritura de Nagiko representan una excepción a la tendencia de la indumentaria –notada por Werner Enninger– de significar, pero de no comunicar. A la ropa le falta la intencionalidad comunicativa, no la capacidad de significación (Enninger, 1985). Los cuerpos-capítulos, sin embargo, tienen la precisa e intencionada finalidad de comunicar su estar en el mundo. Del mismo modo, el poema de Nagiko es –como hemos dicho– su nombre, la connota y la genera para toda la vida, produce ese efecto de "esencialización" del que habla

Barthes (1972, p. 121), cuando afirma que el nombre tiene sólo un referente. Escribir sobre el cuerpo significa subrayar el aspecto autorreferencial de la escritura, la materialidad de signos que no podemos reconducir a una finalidad sino que valen por sí mismos, por su valor estético. Autorreferencialidad de la escritura, pues, pero también de la moda y del cuerpo: los signos de la moda son totalmente arbitrarios y casuales y no hacen más que remitir a su "estar de moda"; son signos superfluos e inmotivados, carnavalescos –en la acepción bachtiniana de descenso, de parodia, de transgresión– (Calefato, 1986, pp. 42-43). Del mismo modo, los signos del cuerpo revestido no exhiben más que su misma historia, su unicidad. El cuerpo revestido, o escrito, se puede introducir en el contexto social gracias precisamente a esta unicidad. Los hombres que representan los capítulos del libro de Nagiko caminan desnudos por las calles de Hong Kong, pero no pertenecen a la categoría del cuerpo desnudo, que, como dice Calefato (1996a, p. 8), no existe: revestidos sólo de signos, sus cuerpos no sorprenden, ha bastado la escritura para convertirlos en cuerpos sociales.

Eros y escritura

La relación que se desarrolla en la historia de Nagiko entre eros y literatura, mediada por el cuerpo, pone de manifiesto el carácter de escritura que tienen en común las dos prácticas. Leemos en *The pillow book* de Sei Shonagon: "Tengo la certeza de que en la vida son dos las cosas en las que podemos confiar: los placeres de la carne y los de la literatura". La experiencia de la sexualidad, unida a la de la literatura, generaron a Nagiko como mujer (De Laurentis, 1996, pp. 128-129), le permitieron conocerse a sí misma. Sólo a través de la escritura, el eros tiene sentido para ella: de ahí su continua búsqueda de un amante que sea también un buen calígrafo, que sepa dibujar en su cuerpo los signos que necesita para ser y para verse otra; el principio del placer que la caligrafía estimula depende sobre todo de la mirada observadora de Nagiko que se mira a sí misma revestida y se gusta como si fuera mirada por otros (Calefato, 1996a, p. 68). Y eso porque la escritura permite a la mirada detenerse sobre el cuerpo (Gelas, en Calefato, 1992), estimulando el placer visual.

La relación erótica entre los dos amantes también adquiere nuevo significado cuando Nagiko descubre el placer de la escritura activa como proceso de formación de su conciencia de mujer, como autorrepresentación. Su mano escribe sobre el cuerpo de Jerome como si, por metonimia, su mismo cuerpo se moviera hacia el otro, a la búsqueda de ese placer que caracteriza del mismo modo eros y escritura. Sea la literatura sea la relación erótica son relaciones en las que se produce un "derroche de significado" –para decirlo con Augusto Ponzio (1995, p. 7-67)– donde lo que cuenta es la relación misma, donde triunfa la digresión, la divagación, lo no funcional. Así como la literatura no es instrumento de conocimiento y el decir cuenta por sí mismo, de la misma manera el eros no tiene función; el movimiento hacia el otro en la relación erótica no mira hacia la asimilación, sino que es un movimiento unidireccional hacia el otro: los signos del eros dan lugar a un juego en sí mismo (*ibídem).*

La relación erótica, dice Lévinas (1979, pp. 54-59), representa la situación en la que el cuerpo se da como ausencia en presencia, porque no hay nunca verdadera posesión. La alteridad del otro aparece en su pureza, no como el revés de la identidad sino como esencia. "El carácter patético del amor", –dice Lévinas–, "consiste en la dualidad insuperable de los seres" (*ib.*, p. 55). El placer sexual no es solitario y se funda en la imposibilidad de la posesión: la caricia es el modo de aproximarse al otro, pero el otro no viene "tocado". La búsqueda de las caricias es su razón de ser, es la espera de un porvenir. Si el otro pudiera ser poseído, ya no sería el otro y no habría relación; sin embargo, la relación con los otros es precisamente la ausencia del otro, una ausencia que es tiempo.

La moda es otro de los ámbitos de lo no funcional, de la autonomía del decir, tanto, que el placer vestimentario se enlaza con el placer erótico, y no sólo en la película de Greenaway: la ropa modifica el cuerpo de manera arbitraria, como los otros signos de la moda y de moda, del *piercing* y el tatuaje a la cirugía plástica. Se trata de modificaciones inmotivadas, como inmotivado es el juego erótico. El cuerpo revestido y el cuerpo del amante pierden sus límites del mismo modo, se hacen indistintos y confusos, se separan del sujeto (Calefato, 1986, p. 54).

Con el cuerpo, creamos una relación comunicativa con el otro en la que lo que cuenta es el contacto, el decir, y no el mensaje en sí. El decir interesa independientemente de lo dicho, el decir es "el significado mismo de la significación, que significa en el decir antes que en lo dicho" (Lévinas, 1974, p. 124). Esto implica un exceso del decir respecto a lo dicho, por lo que el intérprete se independiza de la interpretación y se resiste a la igualdad impuesta por lo dicho (Ponzio, Calefato, Petrilli, 1994, p. 120). Lévinas llama "huella" a esta excedencia; también podemos llamarla escritura (Ponzio, 1994, pp. 18-19), si por escritura no entendemos la operación de escribir, la "transcripción" –como diría Barthes– sino un "procedimiento significante" que hace visible la sintaxis del lenguaje (Lévinas, 1974, p. 124), una modelación de las piezas combinables. El lenguaje en sí, en cuanto procedimiento de modelación especie-específica del hombre, es ya escritura.

Los tiempos del cuerpo y de la escritura

Cuerpo y escritura se sustraen al "tiempo de la acción" y pertenecen al "tiempo de la obra". El tiempo de la obra es el tiempo del no-trabajo, el tiempo del ser, el tiempo del exceso respecto a una función, el tiempo libre, el tiempo del eros, el tiempo del derroche. Pero la obra representa también el tiempo de la lentitud: en la película de Greenaway, el frenesí del capitalismo –del que la moda es un aspecto importante– se opone a la lentitud de la escritura del cuerpo y del diario, de las relaciones eróticas, del comentario musical.

El evento estético participa de la naturaleza de la obra por su exceso del decir sobre lo dicho, por su no funcionalidad (Ponzio, Calefato, Petrilli, 1994, pp. 229-230), por tener al otro en el origen de su movimiento. Una obra de arte, para ser una obra, necesita un significante que exceda al significado. Los mismos signos que forman la semiosis no pueden reducirse a su mera función sino que han de ser estudiados a la luz de su exceso respecto a una función. De hecho, el lenguaje no es un mecanismo finalizado a la comunicación sino un "juego" que permite modelar y combinar piezas, imaginar y fantasear, construir infinitos mundos posibles (Sebeok, 1981).

La obra –cuyo espacio no se limita al evento estético sino que se extiende a lo propiamente humano– prevé un movimiento espontáneo del sí mismo hacia el Otro que nunca vuelve al sí mismo. Es, pues, una relación absoluta con el otro, una ida sin retorno. Renuncia a la contemporaneidad para abrirse hacia el porvenir. Esta pro-tensión de la obra, este movimiento infinito hacia el porvenir, hacia el tiempo de la alteridad, representa la actitud de los cuerpos en el juego erótico y el movimiento unidireccional de la escritura.

El exceso de la obra es un desafío al tiempo:

> Las obras rompen los límites del propio tiempo y viven en los siglos, es decir, en el tiempo grande, y con frecuencia (...) con una vida más intensa y plena que la que viven en su contemporaneidad. (Bachtin, 1974)

Cuanto más pueda el texto traspasar su contemporaneidad, más se enriquece de nuevos significados y enriquecer, al mismo tiempo, el contexto en el que se encuentra.

El texto fílmico, gracias a la reproductividad técnica, puede atravesar materialmente el tiempo histórico: las imágenes fílmicas reviven en la pantalla en el presente de la exhibición, pero, a través del tiempo, dialogan con textos diferentes, cambian, se modifican junto a los cambios del "saber" de los interlocutores. Las imágenes fílmicas, además, establecen con la contemporaneidad una relación interactiva: no sólo se nutren de ella sino que, en su doble movimiento, al volver a la sociedad que las ha producido, determinan modas y actitudes, actúan a nivel psicosocial. Los cuerpos marcados por la mano de Nagiko parecen escapar al tiempo histórico en el que se mueven, parecen inaugurar un tiempo propio, autónomo: precisamente el tiempo del cuerpo y de la obra. Sin ropa, vestidos sólo de escritura, no nos dicen nada de su contexto histórico-social, sino que entran por derecho en ese tiempo suspendido entre presente y pasado que Bachtin llama "tiempo grande".

Escritura hipertextual

Si consideramos el tiempo como un continuo, resulta difícil establecer los límites entre presente, pasado y futuro. El presente coexiste con el pasado y con el futuro, sin los que no existiría. Por eso el cine ha de captar el antes y el después, ha de hacer pasar dentro de la película lo que es anterior y lo que es posterior a la película. Sólo alcanzando un antes y un después inseparables de la imagen presente se puede dar una presentación directa del tiempo (Deleuze, 1985, p. 51), sólo mostrando que lo que está rodado en la toma en su fluir temporal se extiende afuera, a la vida.

Nuestra existencia es una coexistencia de presente y pasado, de actual y virtual, desdoblada entre la percepción del presente y el recuerdo del pasado. Ésta es la tesis de Henri Bergson, a la que alude Deleuze. El tiempo hace correr el presente y conserva en sí el pasado. La imagen actual y virtual a la vez representa la operación fundamental del tiempo. Ya que el pasado no se forma tras el presente que ha sido, sino a la vez, el tiempo ha de desdoblarse continuamente en presente y pasado para poder ser (*ib.*, p. 96). La imagen-tiempo se funda, precisamente, sobre la doble naturaleza de la imagen: actual y virtual. Es el desdoblamiento entre presente que pasa y pasado que se conserva, es la contemporaneidad entre el presente y el pasado que será, entre el pasado y el presente que ha sido (*ib.*, p. 302).

La innovación de la película de Greenaway consiste en crear una simultaneidad entre presente y pasado, en poner en escena una estructura de la percepción y de la fruición que no es lineal o secuencial. Si la literatura representa un momento importante en la subversión del lenguaje ordinario por la superación de la linealidad narrativa, el cine, gracias a las técnicas de las que se sirve, el montaje en primer lugar, consigue avanzar más en el proceso de deconstrucción espaciotemporal de un texto. La ruptura total de esta linealidad podemos encontrarla actualmente en el hipertexto, cuya textualidad, precisamente, es abierta y no lineal. Greenaway ha conseguido fundir en su *The pillow book* escritura literaria, cinematográfica e hipertextual, superando la linealidad narrativa y temporal, dando vida a la "imagen-tiempo" de Deleuze. El principio estético sobre el que se basa el cine es que, por primera vez en la historia del arte, el hombre ha encontrado el medio "para grabar directamente el tiempo" y para reproducirlo indefinidamente (Tarkovski, 1986, p. 59). El tiempo, en el cine, adquiere la forma visible de lo real (*ib.*, p. 111) y muestra por tanto que la realidad no es una sola, sino que es múltiple, fragmentada, en continua evolución. Con la ruptura secuencial, los cuerpos en la pantalla se descomponen, escapan a la inmovilidad del pasado a la que les condena la imagen fílmica y se dotan de simultaneidad, representan el antes y el después, se hacen tiempo.

Gracias a la ayuda de los medios típicos de la comunicación electrónica –las ventanas– ,Greenaway consigue mostrarnos no sólo una multiplicidad sincrónica de puntos de vista, de miradas, sino, sobre todo, una multiplicidad diacrónica de miradas. No sólo la voz narrante se multiplica, sino que se multiplica de manera diacrónica, alterando nuestra percepción del espacio y del tiempo y frenando la marcha de la narración. De hecho, una peculiaridad de la estructura de la película es la alteración de las dimensiones de las imágenes y, sobre todo, la continuada apertura de "ventanas" en la pantalla, que ya habíamos visto en *Prospero's book* (Greenaway, 1991), pero que aquí se usan al máximo.

La construcción temporal de *The pillow book* es absolutamente contradictoria; por cuanto fragmentada por la simultaneidad de las acciones, prevé, por un lado, una simetría de fondo: la película empieza con el primer cumpleaños de Nagiko y acaba cuando Nagiko tiene veintiocho años y pinta una felicitación de cumpleaños en el rostro de su hija. Por otro lado, emerge la continuidad de la tradición caligráfica, pues la pequeña también recibe su felicitación en el rostro. La escritura, pues, como lazo de unión entre dos generaciones, aunque también entre los mil años que separan a Nagiko de la autora de *The pillow book*. La repetición de los gestos de la escritura –análoga a la repetición frenética de la moda (Simmel, 1911)– contribuye a frenar el tiempo y a subvertir la linealidad de la narración, junto al uso constante de ventanas de matriz hipertextual que, a veces, nos muestran a la vez sucesos internos y externos: sobre la imagen de Nagiko que camina hacia la librería del editor para discutir de su libro, se abre una ventana en la que vemos antes que la protagonista lo que sucede en la librería (el editor y Jerome juntos, en la cama). Con ese expediente, Greenaway consigue superar un límite clásico del cine, la imposibilidad de ir más allá del encuadre; las ventanas permiten superar los límites entre el mundo cinematográfico y el mundo que hay más allá de la pantalla, que, generalmente, no existe ni para el director ni para los espectadores.

El movimiento de duplicación y fragmentación realizado por las ventanas se coloca, sobre todo, en el eje temporal: frecuentemente nos encontramos ante el mismo hecho filmado en momentos diferentes, como en el caso del suicidio de

Jerome, que se multiplica en distintas ventanas hasta hacer partícipe al espectador del estado de aturdimiento del protagonista bajo los efectos de los barbitúricos. O bien asistimos a la anticipación de hechos futuros, como la ventana de la futura e infeliz vida matrimonial que se abre en la escena del matrimonio de Nagiko. Otras veces, incluso, Greenaway recurre a la técnica del flash-back, creando una simultaneidad entre dos acciones separadas por el tiempo: Jerome pinta sobre el rostro de Nagiko su felicitación de cumpleaños, mientras la ventana nos muestra a Nagiko el día de su primer cumpleaños, cuando recibe la felicitación paterna, casi indicando una continuidad en la tradición caligráfica. O bien, Nagiko adulta va a la tipografía de su editor en Hong Kong y vuelve a ver la tipografía de su infancia en Japón, casi ayudando al espectador a recordar una escena ya vista. El flash-back es un ejemplo de la coexistencia de presente, pasado y futuro que aparece en cada bifurcación del tiempo cada vez que actúa el recuerdo o la memoria. La imagen-recuerdo no se limita a representar el pasado sino el viejo presente que el pasado ha sido: es una imagen actualizada (Deleuze, 1985, pp. 62-67). Más aún cuando el flash-back aparece en la pantalla a la vez que la imagen actual.

En el cine, las imágenes significan si son miradas: lo que importa es la mirada de quien filma, que forma parte de la dirección interpretativa en la que hemos de movernos para comprender el sentido de la película. No existe la representación naturalista: incluso copiando la realidad se elige una inferencia en vez de otra (Barthes, 1964, p. 263). En *The pillow book*, las miradas se multiplican; es más, la misma mirada se desdobla y se diferencia en el tiempo, invitando al espectador a elegir entre distintos recorridos interpretativos. El resultado es un texto polifónico, plurilingüístico y multicultural: pasado y presente, Oriente y Occidente, palabra e imagen, se encuentran y conviven, se mezclan, como los cuerpos de Nagiko y Jerome, como las páginas de *The pillow book* de Sei Shonagon y las páginas del diario de Nagiko. Las citas extratextuales presentadas en las ventanas introducen un elemento de diálogo en la película: diálogo multimedia entre música, literatura, cine, moda, fotografía. Lo que no se pierde en la película de Greenaway –descompaginado, refractado, seccionado– es la impresión de realidad; el hecho es, como subraya Rudolf Arnheim en *El pensamiento visivo*, que la visión es un fenómeno mental que nos hace ver más de lo que los ojos nos muestran, que está relacionada con nuestra imaginación y con nuestra capacidad de elaboración estética. También el montaje, en el fondo, no es más que imaginación, pensamiento. Permite al autor imaginar la realidad de cierto modo, le permite transformarla, y mostrar así que nada es inmutable. En este sentido, es una práctica política. Pero el montaje es imaginación también para el espectador que, como dice Eisenstein (1963-1970a), construye a su modo una imagen de la totalidad que le viene mostrada en fragmentos. El nexo entre representación e imagen se coloca en la cadena de representaciones que se condensan en la mente de quien mira. La implicación creativa de los espectadores es esencial. La fuerza del montaje, continúa Eisenstein (1963-1970b), está en "hacer confluir las emociones y la inteligencia del espectador en el proceso creativo". Y es precisamente esta la fuerza de una película como *The Pillow Book*: permitir al espectador subrayar su propia singularidad, su propia experiencia, su pertenencia histórico-social, ideológica, cultural, eligiendo cada vez uno de los distintos recorridos interpretativos posibles.

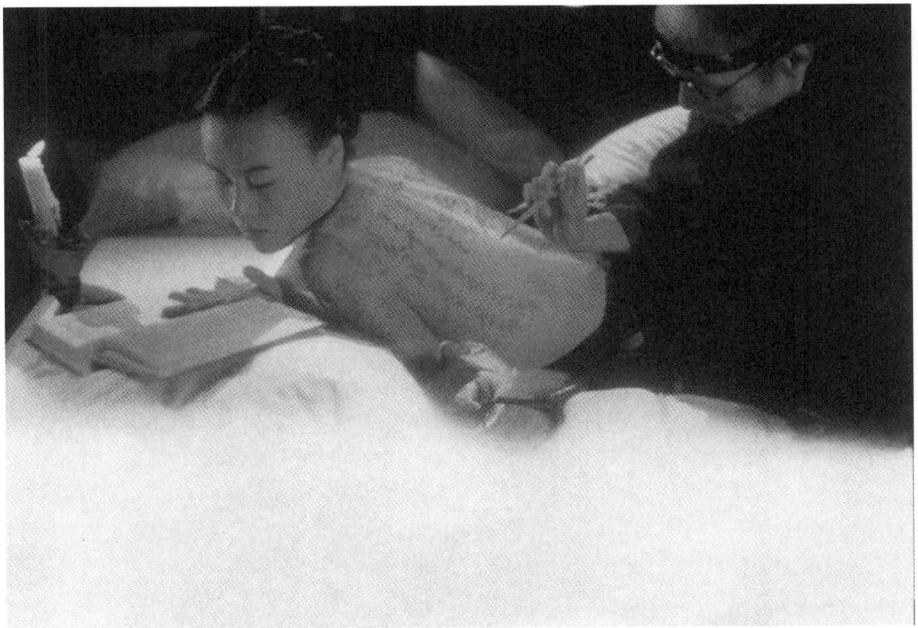

La escritura como lazo de unión entre dos generaciones. Escena de la película *The pillow book*.

VI. Lenguaje fílmico y corporeidad en *Días extraños* de Kathryn Bigelow

Antonella Alba

Cuerpo tecnológico y metáfora cinematográfica

En *Días extraños* (1995) de Kathryn Bigelow, el protagonista Lenny Nero/Ralph Fiennes es un ex policía implicado en la criminalidad organizada de los narcotraficantes del futuro (o del Dos mil). Se llama Squid (acrónimo de *"Superconducting Quantum Interference Device"*), un dispositivo electrónico que permite revivir los recuerdos, o mejor, las emociones relacionadas con los recuerdos, propios o de otra persona, en play-back o directamente de/a la corteza cerebral.

Lenny Nero es el emblema del héroe perdido/perdedor atrapado en una vida alucinante y alucinada, paranoico, enloquecido, desilusionado de la mujer que ama, Faith, que, en contraste con el significado etimológico de su nombre, es una auténtica Dark Lady, excéntrica y directa antagonista del tercer personaje protagonista, Mace.

El sujeto humano mítico en esta película es un hombre. Es Lenny el que desea, el que sueña, el que viaja. Y su viaje (interior) es largo, a la búsqueda del tiempo perdido, de la felicidad extraviada. En ese viaje, el obstáculo mitológico es una mujer. Es Faith, que se ha sustraído al juego amoroso con Lenny para aferrarse a una vida más segura. Al término de su viaje, en las últimas escenas de la película, Lenny no encontrará a Faith/Fe esperándolo, sino a otra, a Mace, mujer, no obstáculo sino apoyo, sobre cuyo cuerpo y a través de cuyo cuerpo se combate la batalla de Lenny.

En *Días extraños*, el cuerpo humano, sea masculino o femenino, está sujeto/sujetado a constantes penalidades. Aparece constantemente sometido a golpes y a luchas sangrientas. Ni se detiene cuando está chorreando de sangre, ni cuando está durmiendo relajadamente está fuera de peligro. Un cuerpo que se acerca cada vez más a la nueva era tecnológica, al 2000, un cuerpo víctima y verdugo a la vez, un cuerpo vestido, revestido y desnudo, mudo y gritón, sobre el que y en el que todo se puede leer y también escribir, incidir. Un cuerpo esencial y preparado para el infinito, en el que las diferencias relacionadas con el género disminuyen hasta casi desaparecer del todo.

El cuerpo humano en *Días extraños* es sobre todo un cuerpo tecnológico, es decir, un cuerpo que con el paso del tiempo se está transformando en un conjunto de prótesis tecnológicas. "Nuestros movimientos, nuestras costumbres se adaptan al objeto que nos permite comunicar" (Calefato, 1996a, p. 31): esto se expresa en modos y prácticas muy diferentes. Lenny, por ejemplo, está dotado de algunos objetos tecnológicos que tienen la peculiaridad de potenciar las facultades sensoriales y comunicativas a través de la tecnología. No sólo se sirve del Squid, que permite revivir recuerdos, sino también del teléfono móvil que modifica sus posibilidades y condiciones comunicativas y que, como producto-objeto ha generado ya en nuestra realidad diaria modificaciones significativas en la relación entre el cuerpo, el espacio y la gestualidad (*ib.*, p. 32).

El accesorio preferido de Lenny es la corbata (además del BMW con todos los accesorios posibles y los miles de relojes Rolex al pulso). En el guión se describe así al personaje de Lenny:

> Lenny Nero tiene apenas treinta años. Guapo. Fascinante. Y harías bien en comprobar si tienes aún el anillo después de haberle dado la mano. Lleva una chaqueta italiana cara y lo que él llama una corbata llamativa. Su Rolex no es auténtico. El pelo lo lleva demasiado largo y se le riza en torno al cuello. Necesitaría afeitarse. Un poco sucio. Pero tiene energía y sabe cómo se vive en la calle. (Cameron, Cocks, 1993, p. 6)

Hay un diálogo hacia mitad de la película que subraya no sólo este aspecto de la personalidad de Lenny sino también el uso y la puesta en escena de la ropa en el cine que se convierte en "vestuario" precisamente en virtud de su *mise en scène* y del intento de representar la "realidad" de la narración fílmica. Además, el vestuario funciona como vehículo significante, junto y separado del personaje, del contexto fílmico, de la historia, del género, del tiempo cinematográfico. En el caso de Lenny como personaje-cuerpo revestido, el vestuario le enfatiza la identidad fragmentada, él mismo está unido a fragmentos fetiches del propio cuerpo-ropero:

MAX ¡Vaya, bonita corbata!
LENNY Gracias Max.
MAX ¿Tienes que vestirte siempre como un maldito chulo?
LENNY Esta corbata vale más que todo tu guardarropa.
MAX Eso no quiere decir nada.
LENNY Es lo único que me separa de esa jungla. (*ib.*, pp. 28-29)

Y las corbatas de Lenny no son sólo corbatas, sino corbatas de moda. Su vestuario cuesta mucho, tiene nombre propio, tiene marca de fábrica, es la cifra de un estilo.

Un sex-appeal de lo inorgánico

Con su renuncia al uniforme azul de policía, Lenny parece no haber perdido la imagen del cuerpo revestido y escrito. Si, antes, el uniforme del LAPD *(Los Angeles Police Department)* estaba marcado por el color azul y por su carné de policía, ahora la cifra genealógica, paternal, no pertenece al Estado sino a la marca de un estilista italiano. Es como si vistiendo Armani, confirmase al espectador/a su desvestimiento, su alienación. Lenny declara su lógica de la distinción debida a la posesión de ese vestuario firmado cuando, antes de ser golpeado por el escolta de su rival en amores, le pide si puede quitarse la chaqueta, para que no se estropee, ya que cuesta mucho, pues lleva la marca Armani.

Pero la de Lenny es también la lógica de la seducción: una vez golpeado por la escolta de su rival, que ha hecho también que lo expulsen de la megadiscoteca-caverna, Lenny lleva otra vez su chaqueta para volver a entrar furtivamente en el local donde está a punto de actuar Faith, su objeto de deseo. La cámara capta a Lenny de abajo a arriba, encuadrando detalladamente sus pantalones de piel negra y después, poco a poco, la camisa, la chaqueta, la corbata. Él posa inmóvil con una mano en el bolsillo y en la otra la cartera. Traga saliva emocionado cuando ve a Faith fantástica y sinuosa cantar en escena. Faith, en ese momento, es más que nunca una "mundana errante" y rebelde a todos los órdenes sociales, como diría Baudelaire: es a la vez figura del discurso y desafío al orden del discurso, sujeto y objeto de representación. Su vestido de color neutro, minimalista y reluciente es juego erótico, es juego del cambio del cuerpo, es esencial en esa explicitación de la ambivalencia. Faith es un cuerpo desnudo que aparece desnudo ante un espejo mientras interactúa con Lenny, casi como si fuera inútil entre ellos cualquier revestimiento inorgánico.

Pero esa naturaleza desinhibida de Faith extrapola y enajena la pureza y la naturalidad de su cuerpo femenino que, no por casualidad, se hunde fetichísticamente en la rigidez cadavérica de la prostitución. En la misma rigidez se hunde Lenny en su estar a la moda, en su seguir un sistema que, como lo definía Benjamin, es "sex-appeal de lo inorgánico", el atractivo de una naturaleza desvitalizada, de ese cadáver que es el cuerpo convertido en mercancía. Los personajes de Lenny y Faith en este caso son complementarios de ese concepto del mundo y de metrópolis capitalista como lugar de intercambio de mercancías, simulacro de relaciones humanas, en las que la naturaleza misma es una mercancía. El cuerpo viene expropiado, se hace involucro, soporte inorgánico.

Una secuencia subraya esa dependencia perversa de Lenny respecto al vestuario: aquella en la que, vistiéndose de prisa para huir de su apartamento porque teme que pueda llegar el asesino, se lamenta con Mace de que la corbata roja que ha elegido no combina bien con la camisa azul que lleva puesta. O también, en las últimas escenas de la película, Max-amigo-asesino-traidor le confiesa a Lenny, mientras le apunta con un revólver, que en el fondo sus corbatas nunca le han gustado.

Si vestirse es un lenguaje, es decir, un sistema de signos verbales y no verbales a través de los que se manifiesta la identidad y también la esencia de un individuo, entonces ésta incide de manera más determinante cuando se trata de un sistema de signos que presentan un fuerte componente artístico, estético, como el cinematográfico. De hecho, el cuerpo revestido de Mace representa lo esencial, fuera de las connotaciones de "raza", de clase o de género, en la representación de su identidad no alterada por el circuito de visiones Squid o por una apariencia inadecuada.

En la película, Mace desempeña su papel de chófer llevando un traje pantalón con camisa blanca, un traje andrógino, sin sexo. Así se presenta en su primera aparición:

> Tiene una estructura compacta, viste pantalones negros, una chaqueta clásica negra, zapatos con una pesada suela de goma. (Cameron, Cocks, 1993)

Pero Mace conserva su identidad de mujer-madre-salvadora escondiendo una pistola en la liga la noche del último día del milenio. La visión de las medias prepara la visión excitada y excitante de las piernas de la protagonista corriendo entre la multitud. Y ya no es la imagen de las medias como pantalla para la mirada masculina, sino como huella que una mujer deja de su paso por el mundo. En el caso de Mace, el vestuario se hace imperceptible, se amalgama perfectamente con la realidad y, por tanto, el desequilibrio entre ropa y vestuario, realidad y ficción, disminuye. El vestuario asume la función de expresar directamente la naturaleza del personaje de Mace.

Deseo, petición, (identificación)

A pesar del complicado marasmo tecnoemocional, el placer visivo del espectador/espectadora queda satisfecho. Su *curiositas* absolutamente mitigada. El proceso de identificación y reinterpretación no tarda en realizarse entre personaje y usuario. Y el hecho de que sea una directora la que ha creado este producto enriquece el valor estético de la película con una especial sutileza emocional y sentimental. Un cine de mujeres no fácil de descodificar, pero existente en todas sus contradicciones. Un cine que no rechaza el compromiso político ni las estrategias de diversión relacionadas con el deseo: el arquetipo de todo relato, para decirlo con Teresa de Laurentis, es el acto sexual. La misma Bigelow afirma que la mente humana es atraída por el sexo y la violencia y que su objetivo fue tratar de reproducir esa atracción en imágenes. Y el proceso de identificación es tanto más fuerte cuanto más fuerte es la sujeción y el *étonnement* que provoca la visión cinematográfica.

Viendo *Días extraños*, el espectador, *flâneur* de la imagen, ve sin ser visto y se convierte en voyeur porque su deseo es inconsciente y su satisfacción consciente. Y es tanto más atractivo y satisfactorio en el caso de la técnica del play-back, que ofrece la posibilidad de vivir la vida *in vitro*, de forma vicaria, a través de terceros. *Días extraños* parece precisamente un gran play-back en el play-back, cine en el cine: estratégicamente polifónica la elección estilística y temática de la directora, que no ha querido adscribir su trabajo a un género determinado sino unir su punto de partida al personaje. ¿Y qué personaje si no Lenny, en su ser virtualmente hamlético, es más significativo perdiéndose en los placeres de lo visible? Pero Mace no es Ofelia, como se deduce de su carga musculosa preparada para defender, en el excepcional cambio de papeles de las escenas de lucha, a su amado-perdedor. Tras la violencia biónica y el aspecto sadomasoquista de Mace/Angela Bassett, en la escena de la fiesta, se oculta, o mejor, se desvela la razón y la paciencia humanas que se rebelan instintivamente a las cosas complejas e innaturales prefiriendo, al contrario de Faith, una vida simple y natural representada por su hijo y por el trabajo honrado, nada extravagante, que tiene. Mace representa el trabajo limpio, la política y los sacrificios relativos a su retribución-recompensa en dinero, a lo que gana. Por este rigor moral, su personaje es portador de la ética minimalista del trabajo duro pero honrado y suscita ecos épicos. Excede su identidad de género para asumir, sobre todo gracias a la fuerza de su cuerpo, una nueva definición de las funciones no tanto andróginas cuanto casi *cyborg* por su autonomía, por la plenitud paradójica e increíble de su cuerpo: máquina de guerra y máquina generadora juntas y separadamente, como si el cuerpo fílmico estuviera representado iconográficamente por el cuerpo máquina, por sus funciones hiperhumanas, cuerpo de mujer fatal y potente a la vez. Esta confusión de roles, fuera de las convenciones y conscientemente provocadora, la violencia de algunas escenas, el uso de la cámara subjetiva, el montaje convulso y elíptico crean ese sentido de vértigo en el espectador, que se siente desplazado, exactamente como los protagonistas de la historia. Cualquier certeza parece desvanecerse para dejar paso a un ansia generalizada que sólo desaparece al final de la película, cuando Faith entra melancólicamente en el coche de la policía como una perfecta Dark Lady y cuando Lenny encuentra el valor del amor y besa a Mace.

Cuerpo político y género sexual

Días extraños va más allá: una vez dentro del circuito eléctrico donde los recuerdos no se desvanecen, la fuerza de la costumbre hace inocuo incluso el horror más impactante. Y es precisamente viviendo las emociones de forma vicaria cuando se tiene la sensación de perder la identidad, la orientación espacial y temporal. Lenny que busca a Faith, rechazando y sin comprender la realidad del final de su relación sentimental, es la víctima ejemplar. Mace con su cuerpo andrógino y su presencia tranquilizadora y sana es, por el contrario, el único personaje positivo y cargado de identidad. Mace, negra, representa iconográficamente no sólo la fuerza de los valores que hay que recuperar (el amor materno protector, manifestado, por ejemplo, mientras mira jugar a su hijo, el apoyo psicológico en nombre del amor cuando abraza a Lenny, la confianza en la justicia y en los sistemas de seguridad cuando entrega el clip que prueba el homicidio al jefe de la policía), sino también un proceso de autoconocimiento doblemente significativo. En el caso de Mace, de hecho, la ideología ha necesitado un sujeto concreto sobre el que operar. Mace es también una Némesis vindicadora.

En las últimas escenas de la película, cuando se filma a una multitud espectacular gracias a una panorámica aérea de Los Ángeles, la noche de fin de año, Mace "hace temblar el sistema de las leyes y de las costumbres machistas ante los ojos de todos". Su cuerpo adquiere una función política. Mace-maza consigue en el último minuto, gracias a su cuerpo andrógino y a su fuerza interior, no ser víctima no sólo de una paliza como la reservada a Rodney King, sino de la propia muerte que con semblante humano en traje de época aparece en medio de la multitud. Y, como dice Benjamin, ningún otro objeto se ha impuesto con tanta autoridad a los literatos del siglo XIX como la multitud. El espectador queda fascinado por el espectáculo de la multitud y de la fiesta en la que hay una suspensión temporal de la Ley, donde puede pasar de todo y donde la separación oficial de clases queda suprimida. Esta es la fuerza carnavalesca emblemática de las fiestas populares en las que los estratos más débiles de la población son los que sufren a causa de la guerra y de quienes la provocan. Pero esta multitud tiene algo extraño: si nos detenemos en el encuadre de la persona vestida de muerte, la analogía con el paso del año 1999 al 2000 nos lleva al sentido apocalíptico de la película. Es como si se percibiera una especie de anulación del tiempo y del espacio. Pero después, con el ritmo rapidísimo y adrenalítico que caracteriza el estilo de la directora, nos sentimos como comprimidos por una fuerza centrífuga. La máquina del tiempo cinematográfico interviene en el tiempo "real".

El espacio arquitectónico: cine y metrópolis

Por una parte, es una película difícil de encuadrar en un género, por otra, fácil de definir fuera de lo común, transgresiva, innovadora. Ciertamente no clásica en la estructura narrativo-fílmica y alternativa en los temas que desarrolla. Una historia de intriga, una trama narrativa muy original que hace que sea bien un *thriller* de ciencia-ficción, bien un *cyborg noir* o bien realísticamente postmoderno. La directora elige un *découpage* muy fragmentado y rapidísimo que es ya parte temática integrante de la película, en la que la trama investigativa de *noir* transgresivo está entrelazada o domina, a nivel superficial, los temas importantes que en el milenio que acaba todos conocemos o conoceremos en breve. Desde una ciudad de Los Ángeles enloquecida, *meter-polis* contaminada, al asesinato en directo de un rapero negro, pequeño/gran líder político, por parte de dos policías racistas, sobreexcitados y fanáticos del revólver (la Bigelow ha proyectado esta característica desviada y perversa en los representantes del Estado de policía en otras películas suyas). Pero no es sólo esto lo que el espectador/espectadora ve en los ciento veintinueve minutos de carrera de final de milenio en la que, precisamente, las piernas de una fascinante y valerosa mujer/madre, negra ella también, se mueven en el espectáculo apocalíptico de una multitud que parece colocada en el límite de la frontera virtual del espacio fin/inicio de vida. Sí, porque es con la muerte en diferido y con el placer voyeurista del protagonista masculino que el espectador/espectadora viene llamado en causa y se encuentra a sí mismo y su relación corporal-emocional más sofisticada.

El espacio arquitectónico de *Días extraños* es Los Ángeles. Un espacio metropolitano degradado, donde siempre es de noche. Un espacio real e irreal a la vez, abstracto. Natural o reconstruida, la escenografía se convierte en el correlato objetivo del alma de los personajes divididos entre consciente e inconsciente, verdad y deseo, luz y sombras, interiores y exteriores. La ciudad parece encarnar el materialismo y la superficialidad que aquejan al resto del país, todas las relaciones son directamente valorables como mercancía. El cuerpo humano es mercancía. Alienación y mercantilismo son la norma y la distancia entre los que tienen y los que no tienen se hace insuperable. Los Ángeles, *meter-polis* contaminada donde cualquier tipo de degradación, de depauperación física o moral está al acecho: la prostitución, la venta de drogas, el fanatismo de los guetos pobres y una clase dirigente inadecuada y corrupta. Un sentido de frustración y de peligro constante. Un olor de muerte sin tiempo, como si se dilatara al infinito. Un apocalipsis perpetuo. Un Los Ángeles que ya no es la mítica ciudad de los años sesenta, meta ambicionada de todas las periferias, pequeño resto de aquella "tierra de oportunidades" que hizo soñar al *self making man*, un paraíso por el clima y la pureza del ambiente. Cuando las películas producidas por la industria del cine, por las principales productoras, hacían soñar al resto del mundo...

Escena de *Priscila, Reina del desierto*, en la que el vestuario reafirma la sexualidad de los personajes.

Bibliografía

AA.VV.

1998 *Moda/Cinema*, Catalogo della Mostra della Biennale di Florencia, Electa, Milán.

Abensour, M.

1991 "Penser l'utopie autrement", en C. Chalier y M.Abensour, *Chaier de l'Herne. Emmanuel Lévinas*, París, Editions de l'Herne.

Alba, A.

1997 *Luce in movimento: Cinema e Metropoli in Strange Days di Kathryn Bigelow*, "Athanor", 8.

Arnheim, R.

1969 *Il pensiero visivo*, Turín, Einaudi, 1974

Assman, A.

1997 *Probleme der Erfassung von Zeichenkonzeptionen in Abendland*, en R. Posner, K. Ronering, T.A. Sebeok, *Semiotik: ein Handbuch zu den zeichentheoretischen Grundlagen von natur und Kultur = Semiotics: a Handbook on the Sign-theoretic Foundation of Nature and Culture*, Berlín-Nueva York, De Gruyter, vol. I.

Aumont, J.

1998 *A cosa pensano i film*, entrevista de N. Dusi, "Segno cinema", 92.

Aumont, J. et al.

1994 *Estetica del film*, Turín, Lindau, 1995.

Bachtin, M.

1965 *L'opera di Rabelais e la cultura popolare*, Turín, Einaudi, 1979.

1974 *Scienza della letteratura e scienze umane*, "Scienze umane", 4, 1980.

Barthes, R.

1957 *Miti d'oggi*, Turín, Einaudi, 1974.

1964 *Saggi critici*, Turín, Einaudi, 1979.

1967a *The Diseases of Costume*, "Partisan Review", 61.25.

1967b *Sistema della Moda*, Turín, Einaudi, 1970.

1970a *L'impero dei segni*, Turín, Einaudi, 1984.

1970b *S/N*, Turín, Einaudi, 1973.

1972 *Il grado zero della scrittura. Nuovi saggi critici*, Turín, Einaudi, 1982.

1977 *Frammenti di un discorso amoroso*, Turín, Einaudi, 1979.

1978 *Lezione*, Turín, Einaudi, 1981.

1980 *La camera chiara*, Turín, Einaudi, 1980.

1981 *L'ovvio e l'ottuso*, Turín, Einaudi, 1985.

1984 *Il brusio della lingua*, Turín, Einaudi, 1988.

1993/1995 *Scritti. Società, testo, comunicazione*, edición de G. Marrone, Turín Ei naudi, 1998.

1995 *I segni e gli affetti nel film*, edición de F. Casetti y L. termine, Florencia, Vallecchi, 1995.

Baudelaire, Ch.

1863 *Scritti sull'arte*, edición de C. Guglielmi y E. Raimondi, Turín, Einaudi, 1981.

Benjamin, W.

1955 *L'opera d'arte nell'epoca della sua riproducibilità tecnica*, Turín, Einaudi, 1966

1982 *Parigi, capitale del XIX secolo*, edición de G. Agamben, Turín, Einaudi, 1986.

Bettetini, G.

1996 *L'audiovisivo. Dal cinema ai nuovi media*, Milán, Bompiani.

Bignardi, I.

1997 *Il declino dell'Impero Americano*, Milán, Bompiani.

Bogatyrëv, P.

1937 *La funzione dell'abbigliamento popolare nella Slovacchia morava*, en M. Solimi, *Semiotica della cultura popolare*, Verona, Bertani, 1983.

Braidotti, R.

1995 *Soggetto nomade*, Roma, Donzelli editiore.

Bruzzi, S.

1995 *Tempestuous Petticoats: Costume and Desire in The Piano*, "Screen", Summer.

1998 *Clothing and Identity in the Movies*, Londres - Nueva York, Routledge.

Butler J.

1990 *Gendertrouble. Feminism and Desire and the Subversion of Identity*, Nueva York, Routledge.

1993 *Bodies that Matter. On the Discursive Limits of Sex*, Nueva York, Routledge.

Calefato, P.

1986 *Il corpo rivestito*, Bari, Dal Sud.

1992 edición de *Moda e mondanità*, Bari, Palomar.

1995 *Mondo - Moda - Mondano*, "Athanor", 6.

1996a *Mass moda. Linguaggio e immaginario del corpo rivestito*, Génova, Costa & Nolam.

1996b edición de *Scritture/Visioni. Percorsi femminili della discorsività*, Bari, Dal Sud.

1997 *Sociosemiotica*, Bari, Graphis.

1999 *Vestire in nero*, "Athanor", 1, n.s. Lecce, Manni.

2000 *Moda, corpo, mito. Storia, mitologia e ossesione del corpo vestito*, Castelvecchi, Roma.

Cameron J. y Cocks.

1993 *Strange Days*, Property of Lightstorm Entertainment, Second Sight Pictures, Inc., 2230 Broadway Ave, Santa Mónica, CA, 90404.

Campion, J.

1993a *The Piano*, Londres, Bloomsbury.

1993b *Lezioni di piano*, trad. it. M. Biondi, Milán, Bompiani.

Cassetti, F.

1986 *Dentro lo sguardo. Il film e il suo spettatore*, Milán, Bompiani.

Cassetti F. di Chio F.

1990 *Analisi del film*, Milán, Bompiani.

Certeau M.

1979 *L'invention du quotidien*, París, Gallimard, 1990.

Colaizzi, G.

1966 *Il ciborghesco, o del grottesco tecnologico*, en la edición de P. Calefato *Scritture/Visioni*, Bari, Edizioni dal Sud.

1995 *Feminismo y teoría fílmica*, Valencia, Episteme.

1997 *Género y tecnología: de la voz femenina a la estilización del cuerpo*, "Revista de Occidente", 180, Fundación Ortega y Gasset.

Connieky, Y.

1990 *Fashions of a Decade. The 1960s*, Londres, B.T., Batsford De Kuyoper.

1996 *Entre les lignes du récit: l'image (l'imaginaire)*, "Semiotica", 1-2.

Costa, A.

1985 *Saper vedere il cinema*, Milán, Bompiani.

Danieli, D.

1997 *"Quell'occhio enorme" la "flâneuse" e i passaggi pericolosi"* relación para el congreso *Passaggi: letterature comparate al femminile*, Florencia, 25-28 septiembre 1997.

Davis, M.

1993 *La città di quarzo*, Roma, Manifestolibri, 1993.

Deleuze, G.

1985 *Cinema 2. L'immagine-tempo*, Milán, Ubulibri, 1989.

De Miro, E. (edición de)

1980 *Cinema off e videoarte a New York*, Génova, Bonini.

Derrida, J.

1987 *Psyché. Inventions de l'autre*, París, Galilée.

Detassis, P. y Grignaffini.

1981 *Sequenza Segreta, le donne e il cinema*, Milán, Feltrinelli.

Dorfles, G.

1970 *Le oscillazioni del gusto*, Turín, Einaudi.

Duras, M.

1983 *L'amante*, Milán, Feltrinelli, 1987.

Eco, U.
1994 *Sei passeggiate nei boschi narrativi*, Milán, Ed. CDE.

Eisenstein, S.
1963/1970a *Teoria generale del montaggio*, edición de P. Montani, Venecia, Marsilio, 1987
1963/1970a *Il montaggio*, edición de P. Montani, Venecia, Marsilio, 1986.

Enninger, W.
1984 *The Desing Features of Clothing Codes: the Functions of Clothing Displays in Interaction*, "Kodikas", 1-2.

Floch, J.-M.
1994 *Identités visuelles*, París, Puf.

Foucault, M.
1970 *L'ordine del discorso*, Turín, Einaudi.
1976 *La volontà di sapere. Storia della sessualità 1*, Milán, Feltrinelli

Gaines, J., Herzog, C. (edición de)
1990 *Fabrications: Costume and the Female Body*, Londres-Nueva York, Routledge.

Gardies, A.
1980 *L'acteur dans le systéme textuel du film*, "Etudes Litteraires", 13.

Genette, G.
1982 *Palimpseste. Die Literatur auf zweiter Stufe*, Frankfurt a.-M., Suhrkamp, 1993.

Giannone, A.
1999 *The Role of Costuming in the "Costume Film"*, relación en el seminario "Fashion and Cinema", International Summer Institute of Semiotic Studies, Imatra (Finlandia).

Goffman, E.
1959 *La vita quotidiana come rappresentazione*, Bolonia, Il Mulino, 1969.

Greimas, A.J.
1970 *Del senso*, Milán, Bompiani, 1974.

1976 *Semiotica e scienze sociali*, edición de D. Corno, Turín, Centro Scientifico Editore, 1991.
1983 *Del senso II*, edición de P. Magli, M.P. Pozzato, Milán, Bompiani, 1984.
1987 *Dell'imperfezione*, Palermo, Sellerio, 1988.

Greimas A.J. y J. Courtés
1979 *Semiotica. Dizionario ragionato della teoria del linguaggio*, La Casa Usher, 1986.

Haraway, D.
1991 *Simians, Cyborg, and Women*, Londres-Nueva York, Routledge.

Heath, S.
1985 *Questions of Cinema*, Londres, Macmillan Press.

Hjelmslev, L.
1943 *I fondamenti della teoria del linguaggio*, edición de G.C. Lepschy, Turín, Einaudi, 1963.

Horn, K.
1977 *Das Kleid als Ausdruck der Persönlichkeit: Ein Beitrag zum Identitätsproblem im Volksmärchen*, "Fabula", 18.

Irigay, L.
1984 *Etica della differenza sessuale*, Milán, Feltrinelli, 1987.

Isherwood, C.
1956 *The World in the Evening*, Nueva York, Avon.

Jost, F.
2001 *Propositions pour une typologie des documents audiovisuels*, "Semiotica", 1-2

Kaplan, E.A. (edición de)
1978 *Women in Film Noir*, Londres, British Film Institute.

Kirou, A.
1953 *Le Surréalisme au cinéma*, París, Arcanes.

Kristeva, J.
1969 *Semiotiké, Richerche per una semanalisi*, Milán, Feltrinelli, 1978.
1986 *Il linguaggio questo sconosciuto*, Bari, Adriatica.

Lacan, J.
1973 *Il seminario XI*, Turín, Einaudi, 1979.

Landowski, E.
2002 *"Fare segno, fare senso: regimi di significazione del corpo"*, en *"Forme della testualità"*. Turín, Testo & Immagine.

Laurentis, T. (De)
1987 *Alice Doesn't, Feminism, Semiotic, Cinema*, Bloomington-Indianapolis, Indiana University Press.
1987 *Technologies of Gender, Essays on Theory, Film and Fiction*, Bloomington-Indianapolis, Indiana University Press.
1991 *Il fantasma del cinema*, "Cinema e cinema", 62.
1996 *Sui generis*, Milán, Feltrinelli.

Lévinas, E.
1935 *De l'evasion*, Montpellier, Fata Morgana, 1982.
1971 *Totalità e infinito*, Milán, Jaca Books, 1995.
1974 *Altrimenti che essere o al di là dell'essenza*, Milán, Jaca Books, 1991.
1975/1976 *La mort et le temps*, París, Editions de l'Herne, 1991.
1979 *Il tempo e l'altro*, Génova, Il Melangolo, 1993.

Lotman, J.M.
1972/1978 *Introduzione alla semiotica del cinema*, edición de P. Montani, Roma, Officina, 1979.
1975 *Semiotics of Cinema*, Ann Arbor, University of Michigan.
1985 *La semiosfera*, Venecia, Marsilio.
1992 *La cultura e l'esplosione*, Milán, Feltrinelli, 1993.

Lurie, A.
1981 *The Language of Clothes*, Nueva York, Vintage Books.

Madhubuti, H. R.
1993 *Why L.A. Happened. Implication of the 92 Los Angeles Rebellion*, Chicago, Third World Press.

Marin, L.
1971 *Utopiques: jeux d'espaces*, París, Les Editions de Minuit.

Marrone, G. (edición de)
1995 *Sensi e discorso*, Bolonia, Progetto Leonardo.

Marrone G.
1998 *Ancora su Barthes e la moda*, relazione al V Congreso dell'Associazione Internazionale di Semiotica Visiva (Siena 24-28 junio 1998).

Martin, R. Wilkes, A.
1998 *Cine/moda* en AAVV, *Moda/cinema*, catálogo de la Mostra della Biennale di Florencia, Milano, Electa.

Masson, A.
1996 *La verité du costume*, "Positif", julio-agosto.

McConathy D. y D. Vreeland.
1976 *Hollywood Costume*, Nueva York, Harry N. Abrams.

Metz, C.
1977a *Cinema e psicanalisi: il significante immaginario*, Venecia, Marsilio, 1980.
1977b *Langage et Cinéma*, París, Larousse.
1991 *L'énonciation impersonelle ou le site du film*, París, Méridiens Klincksieck.

Molho, R.
1998 *Riflessioni*, en AAVV, *Moda/cinema*, catálogo de la Mostra della Biennale di Firenze, Milán, Electa.

Morin, E.
1956 *Il cinema o l'uomo immaginario*, Milán, Feltrinelli, 1982.

Mulvey, L.
1975 *Visual Pleasure and Narrative Cinema*, "Screen", 16, 3.
1977 *Piacere visivo e cinema narrativo*, "Nuova DWF", 8.

Onorati, M.G.
2001 *Testo utopico e scrittura*, en *Forme della testualità*, Turín, Testo & Immagine.

Ponzio, A.
1994 *Responsabilità e alterità in Emmanuele Lévinas*, Milán, Jaca Book.
1995 *I segni dell'altro. Eccedenza letteraria e prossimità*, Napoli, ESI.
1997 *Elogio dell'infunzionale*, Roma, Castelvecchi.

Ponzio, A., Calefato, P. y S. Petrilli
1994 *Fondamenti di filosofia del linguaggio*, Laterza, Roma-Bari.

Ponzio, A. y Pronzao
1995 *I ricordi, la memoria, l'oblio*, Bari, Ed. dal Sud.

Remaury, B.
1994 *A propos d'une crinoline*, "Positif", julio-agosto.

Rich, A.
1986 *Notes towards a Politics of Location*, en Díaz-Diocaretz M., Zavala, I. (edición de), *Women feminist identity and Society in 1980'*, Amsterdam-Philadelphia, John Benjamins.

Russel, S.
1987 *The Transformed Women: Female Clothing in the Vampire Film*, en Palumbo D. (edición de), *Spectrum of the Fantastic. Selected Essays from the Sixth International Conference on the Fantastic in the Art*, Nueva York, Greenwood Press.

Sebeok, T.
1981 *Il gioco del fantasticare*, Milán, Spirali, 1984.
1986 *Penso di essere un verbo. Ulteriori contributi alla dottrina dei segni*, Palermo, Sellerio, 1990.

Sherman, C.
1995 1975-1993, Nueva York, Rizzoli Int.

Simmel, G.
1895 *La moda*, Roma, Editori Reuniti, 1985.
1911 *Die Mode*, en Bovenschen S., *Die Listen der Mode*, Frankfurt a.-M. Suhrkamp.

Talens, J.
1994 *Escritura contra simulacro*, Documentos de trabajo, LVI, Valencia, Eutopias.

Tarkovski, A.
1986 *Scolpire il tempo*, Milán, Ubulibri, 1988.

Tovey, C.
1996 *Peter Greenaway on "The pillow book"*, "Sight and Sound", noviembre.

Volli, U.
1992 *Per il politeismo. Esercizi di pluralità dei linguaggi*, Milán, Feltrinelli.
1998 *Block Modes. Il linguaggio del corpo e della moda*, Milán, Lupetti.

Wenders, W.

1993 *L'atto di vedere. The Act of Seeing*, Milán, Ubulibri, 1997

Withalm, G.

1992 *Von Duschen. Kinderwagen und Lüftungsschächten: Methoden des Verweisens im Film*, "Zeitschrift für Semiotik", 14.

Woolf, V.

1982 *Orlando* (tit. original, *Orlando: a biography*, 1928), Milán, A. Mondadori.

Filmografía

- *Al rojo vivo (White heat)*, Raoul Walsh, 1949.
- *Barbarella*, Roger Vadim, 1968.
- *Blade runner*, Ridley Scott, 1982.
- *Blow up*, Michelangelo Antonioni, 1966.
- *Carrusel napolitano (Carosello napoletano)* Ettore Giannini, 1953.
- *Casablanca*, Michael Curtiz, 1942.
- *Desayuno con diamantes (Breakfast at Tiffany's)*, Blake Edwards, 1961.
- *Días extraños (Strange days)*, Kathryn Bigelow, 1995.
- *Drácula vuelve de la tumba (Dracula has risen from the grave)*, Freddie Francis, 1968.
- *El amante del amor (L'homme qui amait les femmes)*, François Truffaut, 1977.
- *El conformista (Il conformista)*, Bernardo Bertolucci, 1970.
- *El contrato del dibujante (The draughtman's contract)*, Peter Greenaway, 1982.
- *El gatopardo (Il gattopardo)* Luchino Visconti, 1963.
- *El jardín de los Finzi-Contini (Il Giardino dei Finzi-Contini)*, Vittorio De Sica, 1970.
- *El piano (The piano)*, Jane Campion, 1992.
- *El quinto elemento (The fifth element)*, Luc Besson, 1997.
- *El salvaje (The wild one)*, László Benedek, 1954.
- *El sueño eterno (The big sleep)* Howard Hawks, 1946.
- *El último emperador (The last emperor)*, Bernardo Bertolucci, 1987.

- *Encadenados (Notorious)*, Alfred Hitchcock, 1946.
- *Jezabel (Jezebel)*, William Wyler, 1938.
- *Juego de lágrimas (The crying game)*, Neil Jordan, 1992.
- *Gilda*, Charles Vidor, 1946.
- *Granujas a todo ritmo (The blues brothers)*, John Landis, 1980.
- *Hasta el fin del mundo (Bis ans Ende der Welt)*,Wim Wenders, 1991.
- *Hombres de negro (Men in black)*, Barry Sonnenfeld, 1997.
- *Jackie Brown*, Quentin Tarantino, 1997.
- *La alegría está en el campo (Le bonheur est dans le pré)*, Etienne Chatiliez, 1995.
- *La edad de la inocencia (The age of innocence)*, Martin Scorsese, 1993.
- *La furia humana*, 1949.
- *La lista de Schindler's (Schindler's list)*, Steven Spielberg, 1993.
- *La noche (La notte)*, Michelangelo Antonioni, 1960.
- *La rosa púrpura del Cairo (The purple rose of cairo)*, Woody Allen, 1985.
- *La tierra tiembla*, Luchino Visconti, 1948.
- *La víctima número diez (La decima vittima)*, Elio Petri, 1965.
- *Los sobornados (The big heat)*, Fritz Lang, 1953.
- *Medea*, Pier Paolo Pasolini, 1970.
- *Metrópolis*, Fritz Lang, 1926.
- *Mujeres (The women)*, George Cukor, 1939.
- *Ninotschka*, Ernst Lubitsch, 1939.
- *Nirvana*, Gabriele Salvatores, 1997
- *Notebooks on City and Clothes*[1] - *Aufzeichnungen zu Kleidern und Städte*, Wim Wenders, 1989.

1 Apuntes sobre vestidos y ciudades.

- *Nosferatu. Eine Symphonie des Grauens*, Friedrich Wilhelm Murnau, 1922.
- *Nosferatu vampiro de la noche (Nosferatu, Panthom der Nacht)*, Werner Herzog, 1979.
- *Orlando*, Sally Potter, 1993.
- *Perdición (Double indemnity)*, Billy Wilder, 1944.
- *Por siempre jamás (Ever after. A cinderella story)*, Andy Tennant, 1998.
- *Prêt-à-porter (Ready to wear)*, Robert Altman, 1994.
- *Querido diario (Caro diario)*, Nanni Moretti, 1994
- *Retorno al pasado (Out of the past)*, Jacques Tourneur, 1947.
- *Retrato de una dama (The portrait of a lady)*, Jane Campion, 1996.
- *Siempre hay una mujer (C'era una volta)*, Francesco Rosi, 1967.
- *Tacones lejanos*, Pedro Almodóvar, 1991.
- *The devil is a woman*, Josef von Sternberg, 1935.
- *The full monty*, Peter Cattaneo, 1997.
- *The pillow book*, Peter Greenaway, 1995.
- *2001 Una odisea del espacio (2001 A Space Odissey)*, Stanley Kubrick, 1968.
- *Y la nave va (E la nave va)*, Federico Fellini, 1983.
- *Víctor o Victoria*, Blake Edwards, 1982.